Kölner Schriften zum Europarecht

herausgegeben vom
Institut für Europäisches Wirtschaftsrecht
an der Universität zu Köln
vertreten durch den Direktor Prof. Dr. Ulrich Ehricke

Band 73

Julian Stegerer

Die Zumessung der Geldbuße gegen den Rechtsträger einer Unternehmensvereinigung

Nomos

Onlineversion
Nomos eLibrary

Die Deutsche Nationalbibliothek verzeichnet diese Publikation in der Deutschen Nationalbibliografie; detaillierte bibliografische Daten sind im Internet über http://dnb.d-nb.de abrufbar.

ISBN 978-3-7560-0456-0 (Print)
ISBN 978-3-7489-3950-4 (ePDF)

Die Bände 1-64 der Schriftenreihe sind im Carl Heymanns Verlag erschienen.

1. Auflage 2023

Geleitwort

Seitdem 1965 der erste Band der Kölner Schriften zum Europarecht erschienen ist, hat sich diese Schriftenreihe stets als Plattform für die Veröffentlichung von Abhandlungen zu aktuellen und grundlegenden Themen des Europarechts und des durch europäisches Recht geprägten nationalen Rechts verstanden. Im Laufe der Zeit haben sich die KSE zu einer sehr angesehenen und europaweit zur Kenntnis genommenen Publikationsreihe für wissenschaftlich hochkarätige Arbeiten auf dem Gebiet des Europäischen Wirtschaftsrechts und Wettbewerbsrechts entwickelt. Die Veröffentlichung in den KSE setzt voraus, dass höchste wissenschaftliche Ansprüche erfüllt werden und dass von der zu veröffentlichenden Arbeit neue Impulse für die Diskussion offener rechtlicher Fragen in Theorie und Praxis zu erwarten sind. Diese Anforderungen werden typischerweise von ausgezeichneten juristischen Dissertationen erfüllt. Mit der deutlichen Zunahme von juristischen Masterstudienprogrammen in der EU und insbesondere auch an deutschen Universitäten entstehen vermehrt auch erstklassige Masterarbeiten auf den Gebieten des Europäischen Wirtschaftsrechts und Wettbewerbsrechts. Das Institut für Europäisches Wirtschaftsrecht der Universität zu Köln als Herausgeber der KSE möchte sich der Aufnahme solcher Arbeiten dann nicht verschließen, wenn sie dissertationsäquivalent sind. Mit Band 73 wird nun das erste Mal eine juristische Masterarbeit veröffentlicht, die den hohen wissenschaftlichen Anforderungen der Reihe genügt. Die Arbeit von Julian Stegerer über die Zumessung der Geldbuße gegen den Rechtsträger einer Unternehmensvereinigung ist im LL.M.-Masterstudiengang Wirtschaftsrecht der Rechtswissenschaftlichen Fakultät der Universität zu Köln zwei Mal mit der höchstmöglichen Punktzahl bewertet worden. Er befasst sich in seiner Untersuchung umfassend und kritisch mit den rechtlichen Schwierigkeiten und Unzulänglichkeiten der Zumessung von Geldbußen gegenüber den Rechtsträgern von Unternehmensvereinigungen, wie sie nach der 10. GWB-Novelle nun im GWB geregelt ist. Seine

Ausführungen werden ohne Zweifel für die Diskussion dieser Fragen in Theorie und Praxis allergrößte Bedeutung haben.

Köln im Januar 2023

Prof. Dr. Ulrich Ehricke, LL.M.(London), M.A., Richter am OLG a.D.

als Vertreter des Instituts für Europäisches Wirtschaftsrecht der Universität zu Köln

Vorwort

Die vorliegende Untersuchung beruht auf einer Ausarbeitung, welche im Sommersemester 2022 als Abschlussarbeit im Masterstudiengang Wirtschaftsrecht von der rechtswissenschaftlichen Fakultät der Universität zu Köln angenommen wurde.

Neben Unternehmen adressiert das unionsrechtliche Kartellverbot des Art. 101 Abs. 1 AEUV in dessen Beschlusstatbestand die Unternehmensvereinigungen. Ein wettbewerbsbeschränkender Beschluss einer Unternehmensvereinigung im Sinne des Art. 101 Abs. 1 Var. 2 AEUV kann im deutschen Recht mittels Festsetzung einer Geldbuße gegenüber dem Rechtsträger der Unternehmensvereinigung sanktioniert werden. Anwendbar sind insofern die §§ 81 ff. GWB, welche im Zuge der 10. GWB-Novelle umfassend geändert wurden. Aus den neu eingeführten Vorschriften, welche teils – in Umsetzung der »ECN-Plus«-Richtlinie – spezielle Regelungen für die Sanktionierung des Rechtsträgers einer Unternehmensvereinigung vorsehen, teils erkennbar auf die Zumessung einer Geldbuße gegenüber Unternehmensträgern zugeschnitten sind, ergibt sich der Anlass dieser Untersuchung. Es soll beantwortet werden, inwieweit sich die von der »ECN-Plus«-Richtlinie vorgezeichneten Regelungen in das bestehende wettbewerbsrechtliche Bußgeldrecht einfügen und ob aus den vorgenommenen Änderungen Anwendungsprobleme bei der Bußgeldzumessung aus der Sanktionsadressateneigenschaft des Rechtsträgers der Unternehmensvereinigung resultieren.

Mein besonderer Dank gilt Herrn Prof. Dr. Ulrich Ehricke, LL.M. (London), M.A., dessen wissenschaftliche Durchdringung des Europäischen Wirtschaftsrechts mir ein ständiges Vorbild ist. Während meiner Zeit als wissenschaftlicher Mitarbeiter am Institut für Europäisches Wirtschaftsrecht hat er mich fortlaufend gefördert. Sein Zuspruch bestärkt mich in meiner juristischen Ausbildung. Hierfür und für die Aufnahme in diese Schriftenreihe möchte ich ihm herzlichst danken.

Köln im Januar 2023

Inhaltsverzeichnis

I. Einleitung

Mit dem GWB-Digitalisierungsgesetz[1] hat der Gesetzgeber neben den neuen Regelungen zur Erfassung der digitalen Wirtschaft[2] ganz erhebliche Änderungen[3] im Bereich des wettbewerbsrechtlichen[4] Bußgeldrechts geschaffen. Diese Regelungen, welche teils durch die sogenannte »ECN-Plus«-Richtlinie[5] vorgezeichnet sind, betreffen insbesondere die Bußgeldzumessung.

Soll gegen den Rechtsträger[6] einer Unternehmensvereinigung eine Geldbuße festgesetzt werden, wirft die Gesetzesänderung weitreichende Fragen auf. Diese Fragen resultieren zum einen daraus, dass der Gesetzgeber nur punktuell spezielle Regelungen für die Zumessung einer Geldbuße gegenüber dem Rechtsträger einer Unternehmensvereinigung geschaffen hat, an anderer Stelle jedoch nicht zwischen der Sanktionierung des Rechtsträgers eines Unternehmens oder einer Unternehmensvereinigung differenziert. Damit ist unklar, inwiefern die speziell für die Sanktionierung des Rechtsträgers einer Unternehmensvereinigung normierten Vorschriften Auswirkung auf die Anwendung der allgemein gehaltenen Regelungen des wettbewerbsrechtlichen Bußgeldrechts haben. Zum anderen ist problematisch, ob die in § 81d Abs. 1, 2 GWB neu eingeführten Zumessungskriterien sinnvoll

1 Gesetz zur Änderung des Gesetzes gegen Wettbewerbsbeschränkungen für ein fokussiertes, proaktives und digitales Wettbewerbsrecht 4.0 und anderer Bestimmungen (GWB-Digitalisierungsgesetz) vom 18. Januar 2021, BGBl. I 2021, 2 (im Folgenden: 10. GWB-Novelle).

2 Siehe hierzu etwa, *Körber*, MMR 2020, S. 290; *Polley/Kaup*, NZKart 2020, S. 113; *Haus/Rundel*, RDi 2022, S. 125.

3 Jene Änderungen als »stille Revolution im Windschatten der Digitalisierungsnovelle« bezeichnend, *Meyer-Lindemann*, WuW 2020, S. 16; zustimmend, *Achenbach*, wistra 2021, S. 129.

4 Der Begriff des Wettbewerbsrechts bezeichnet in dieser Untersuchung das Wettbewerbsrecht im Sinne des Rechts gegen Wettbewerbsbeschränkungen.

5 Richtlinie (EU) 2019/1 des Europäischen Parlaments und des Rates vom 11. Dezember 2018 zur Stärkung der Wettbewerbsbehörden der Mitgliedstaaten in Hinblick auf eine wirksamere Durchsetzung der Wettbewerbsvorschriften und zur Gewährleistung des reibungslosen Funktionierens des Binnenmarkts, ABl. L 11, 3.

6 Siehe zum Rechtsträgerprinzip im deutschen Recht etwa, *Meyer-Lindemann*, in: L/M/R/K/M, KartellR, 4. Aufl. (2020), § 81 GWB, Rn. 41, 46; *Achenbach*, NZWiSt 2012, S. 321; *Achenbach*, wistra 2021, S. 129, 131.

bei der Zumessung einer Geldbuße gegenüber dem Rechtsträger einer Unternehmensvereinigung angewandt werden können. § 81d Abs. 1, 2 GWB, welcher Kriterien für die Zumessung der Geldbuße normiert, sieht keine speziellen Zumessungskriterien für die Bußgeldbemessung gegenüber dem Rechtsträger einer Unternehmensvereinigung vor. Vielmehr sind die normierten Kriterien des § 81d Abs. 1, 2 GWB teils erkennbar auf die Zumessung einer Geldbuße gegenüber einem Unternehmensträger zugeschnitten.[7] Damit stellt sich die Frage, inwiefern die Zumessungskriterien bei der Sanktionierung des Rechtsträgers einer Unternehmensvereinigung angewandt werden können oder sogar angewandt werden müssen.

Angesichts dieser Rechtsunsicherheiten wird im Folgenden zunächst adressiert, wie der Bußgeldrahmen im Falle der Sanktionierung des Rechtsträgers einer Unternehmensvereinigung nach der 10. GWB-Novelle zu bestimmen ist und welche Folge der jeweils anwendbare Bußgeldrahmen für die zu erwartende maximale Höhe der Geldbuße hat (dazu II.). Sodann erfolgt – anhand einzelner besonders problematischer Zumessungskriterien – eine kritische Untersuchung, inwieweit die in § 81d Abs. 1, 2 GWB normierten Umstände bei der Zumessung einer Geldbuße gegenüber dem Rechtsträger einer Unternehmensvereinigung einzubeziehen sind. Dabei finden die unionsrechtlichen Vorgaben der »ECN-Plus«-Richtlinie und die Bußgeldleitlinien 2021 des Bundeskartellamtes[8] Berücksichtigung (dazu III.). Zuletzt werden die Ergebnisse der Untersuchung zusammengefasst (dazu IV.).

7 Siehe nur § 81d Abs. 1 Nr. 4 Alt. 1 GWB und § 81d Abs. 1 Nr. 5 Var. 1, 2 GWB, welche allein Unternehmen in Bezug nehmen.

8 BKartA, Leitlinien für die Bußgeldzumessung in Kartellordnungswidrigkeitenverfahren, Stand: 11.10.2021, online abrufbar unter: https://www.bundeskartellamt.de/SharedDocs/Publikation/DE/Leitlinien/Bu%C3%9Fgeldleitlinien_Oktober2021.html (zuletzt abgerufen: 22.01.2022).

II. Die Bestimmung des anzuwendenden Bußgeldrahmens

Bevor die Zumessung einer Geldbuße im engeren Sinne stattfinden kann, muss in einem ersten Schritt der anzusetzende Bußgeldrahmen bestimmt werden.[9] Zur Sanktionierung des Rechtsträgers einer Unternehmensvereinigung ergibt sich der anzusetzende Bußgeldrahmen aus § 81c Abs. 2-4 GWB, die jeweils einen umsatzbezogenen Bußgeldrahmen zugrunde legen.

1. *Grundsätzliche Regelung des § 81c Abs. 2 GWB*

§ 81c Abs. 2 GWB[10] sieht insoweit einen über die beiden in § 81c Abs. 1 GWB normierten Regelbußgeldrahmen[11] hinausgehenden Bußgeldrahmen vor, der die Festsetzung einer Geldbuße in Höhe von bis zu 10 Prozent des Gesamtumsatzes der Unternehmensvereinigung in dem der Behördenentscheidung vorausgegangenen Jahr ermöglicht.

Da sich der Umsatz einer Unternehmensvereinigung – als nicht-wirtschaftlich[12] tätige organisatorische Struktur[13] – in aller Regel auf die entrichteten Mitgliedsbeiträge beschränkt[14], führt die Zumessung anhand des

9 *Heinichen*, in: BeckOK KartellR, 6. Ed., Stand: 01.10.2022, § 81c GWB, Rn. 7; *Vollmer*, in: MüKo WettbewerbsR, GWB, 4. Aufl. (2022), § 81d GWB, Rn. 8; zur Bemessung des BKartA, *Künstner*, in: Schulte/Just, KartellR, 2. Aufl. (2016), § 81 GWB, Rn. 14.

10 § 81c Abs. 2 GWB entspricht der früheren, inhaltsgleichen Regelung des § 81 Abs. 4 S. 2 GWB a. F., siehe auch, BReg, Gesetzentwurf 10. GWB-Novelle v. 19.10.2020 – BT-Drs. 19/23492, S. 126.

11 *Heinichen*, in: BeckOK KartellR, 6. Ed., Stand: 01.10.2022, § 81c GWB, Rn. 9.

12 *Jones/Sufrin/Dunne*, Jones and Sufrin's EU Competition Law (2019), S. 164; *Odudu*, in: Outer Limits of EU Law (2009), S. 239, Fn. 81; *Odudu*, Boundaries of EC Competition Law (2006), S. 52 f.; *Grave/Nyberg*, in: L/M/R/K/M, KartellR, 4. Aufl. (2020), Art. 101 Abs. 1 AEUV, Rn. 185; *Zimmer*, in: Immenga/Mestmäcker, EU KartellR, 6. Aufl. (2019), Art. 101 Abs. 1 AEUV, Rn. 58; *Füller*, in: KK zum KartellR (2016), Art. 101 AEUV, Rn. 103; *Kling/Thomas*, Kartellrecht (2016), § 5, Rn. 45.

13 Ähnlich, *Schröter/van Vormizeele*, in: S/J/K/M, EU WettbewerbsR, 2. Aufl. (2014), Art. 101 AEUV, Rn. 49; *Zimmer*, in: Immenga/Mestmäcker, EU KartellR, 6. Aufl. (2019), Art. 101 Abs. 1 AEUV, Rn. 61.

14 *Mäger/Budde*, DB 2020, S. 378, 380; *Meyer-Lindemann*, WuW 2020, S. 16, 17; *Nagel/Hillmer*, DB 2021, S. 494, 496 f.

Bußgeldrahmens nach § 81c Abs. 2 GWB im Allgemeinen zu vergleichsweisen niedrigen Geldbußen.[15]

2. *Einbeziehung des Umsatzes der Mitgliedsunternehmen, § 81c Abs. 4 S. 1 GWB*

In Umsetzung[16] des Art. 15 Abs. 2 »ECN-Plus«-Richtlinie normiert der neu eingeführte § 81c Abs. 4 S. 1 GWB – speziell für die Sanktionierung des Rechtsträgers einer Unternehmensvereinigung – einen gegenüber § 81c Abs. 2 GWB erweiterten Bußgeldrahmen, der sich am summierten Umsatz der angeschlossenen Mitgliedsunternehmen orientiert.

a) Vorliegen eines Verstoßes gegen Art. 101 Abs. 1 Var. 2 AEUV

Damit dieser erweiterte Bußgeldrahmen herangezogen werden kann, ist zunächst Voraussetzung, dass eine Geldbuße wegen einer Ordnungswidrigkeit im Sinne des § 81 Abs. 1 GWB festgesetzt werden soll. Da die Unternehmensvereinigung nicht Normadressat des Art. 102 S. 1 AEUV ist, folgt aus der Verweisung auf § 81 Abs. 1 GWB, dass § 81c Abs. 4 S. 1 GWB nur bei einer Ordnungswidrigkeit im Sinne des § 81 Abs. 1 Nr. 1 GWB und nur zur Sanktionierung eines Verstoßes gegen das unionsrechtliche Kartellverbot (Art. 101 Abs. 1 Var. 2 AEUV) anzuwenden ist.[17]

---

15 Vgl., *Kahlenberg/Rahlmeyer/Giese*, BB 2020, S. 2691, 2698; *Steinberg/Wirtz*, WuW 2020, S. 8, 11.

16 BReg, Regierungsentwurf 10. GWB-Novelle v. 19.10.2020 – BT-Drs. 19/23492, S. 126.

17 Anders wohl, *Heinichen*, in: BeckOK KartellR, 6. Ed., Stand: 01.10.2022, § 81c GWB, Rn. 20 f., der auch Art. 102 AEUV in Bezug nimmt; ebenso, *Breuer/Friedrich*, in: Bien/Käseberg/Klumpe/Körber/Ost (2021), Kap. 3, Rn. 143.

b) Vorliegen eines Zusammenhangs zwischen der Ordnungswidrigkeit und den Tätigkeiten der Mitglieder

Unklar – und von der Gesetzesbegründung nicht näher adressiert[18] – ist, wann der von § 81c Abs. 4 S. 1 GWB geforderte Zusammenhang zwischen der zu ahndenden Ordnungswidrigkeit und den Tätigkeiten der angeschlossenen Mitglieder besteht. Allerdings ergibt sich aus der Gesetzesbegründung, dass § 81c Abs. 4 S. 1 GWB der Kartellbehörde ermöglichen soll, wirksame Bußgelder gegen den Rechtsträger der Unternehmensvereinigung festsetzen zu können und nicht jeweils einzelne Verfahren gegen die angeschlossenen Unternehmensträger führen zu müssen.[19] Aus diesem Normzweck folgt, dass im Falle der Anwendung des § 81c Abs. 4 S. 1 GWB auch die Bebußung der angeschlossenen Unternehmensträger in einzelnen Verfahren möglich sein muss. Das bedeutet, dass § 81c Abs. 4 S. 1 GWB nur dann anwendbar ist, wenn neben dem Beschluss der Unternehmensvereinigung im Sinne des Art. 101 Abs. 1 Var. 2 AEUV ein wettbewerbswidriges Marktverhalten der Mitgliedsunternehmen, insbesondere in Form der Umsetzung des Beschlusses der Unternehmensvereinigung, vorliegt.[20] Somit besteht ein Zusammenhang zwischen der Ordnungswidrigkeit und der Tätigkeit der Mitgliedsunternehmen gemäß § 81c Abs. 4 S. 1 GWB zumindest dann, wenn die angeschlossenen Unternehmen ihr Marktverhalten entsprechend dem Beschluss im Sinne des Art. 101 Abs. 1 Var. 2 AEUV ausgerichtet haben.[21]

---

18 Vgl., BReg, Regierungsentwurf 10. GWB-Novelle v. 19.10.2020 – BT-Drs. 19/23492, S. 126 f.; so auch, *Raum*, in: Bunte, Dt. KartellR, 14. Aufl. (2022), § 81c GWB, Rn. 14; *Vollmer*, in: MüKo WettbewerbsR, GWB, 4. Aufl. (2022), § 81c GWB, Rn. 24.

19 BReg, Regierungsentwurf 10. GWB-Novelle v. 19.10.2020 – BT-Drs. 19/23492, S. 126; so auch, *Breuer/Friedrich*, in: Bien/Käseberg/Klumpe/Körber/Ost (2021), Kap. 3, Rn. 145; krit., *Meyer-Lindemann*, WuW 2020, S. 16, 17.

20 Vgl., *Achenbach*, in: FK KartellR, 103. EL, Stand: 09.2022, § 81b GWB, Rn. 13, der davon ausgeht, dass § 81c Abs. 4 S. 1 GWB stets die Umsetzung des Beschlusses durch die Mitgliedsunternehmen fordert.

21 Weiter, *Raum*, in: Bunte, Dt. KartellR, 14. Aufl. (2022), § 81c GWB, Rn. 14, der das Vorliegen eines Zusammenhangs annimmt, wenn die Unternehmensvereinigung einen Wettbewerbsrechtsverstoß der Mitgliedsunternehmen in irgendeiner Form zumindest erleichtert hat; *Vollmer*, in: MüKo WettbewerbsR, GWB, 4. Aufl. (2022), § 81c GWB, Rn. 24.

c) Folge: Regelmäßig außergewöhnlich weiter Bußgeldrahmen

Liegen die Voraussetzungen des § 81c Abs. 4 S. 1 GWB vor, darf die festgesetzte Geldbuße eine Höhe von bis zu 10 Prozent der Summe des in dem der Behördenentscheidung vorausgegangenen Geschäftsjahr erzielten Gesamtumsatzes näher konkretisierter Mitgliedsunternehmen betragen. Herangezogen werden dürfen gemäß § 81c Abs. 4 S. 1 a. E. GWB die Umsätze jener Unternehmen, die auf dem betroffenen Markt als Anbieter oder Nachfrager tätig waren. Dagegen finden gemäß § 81c Abs. 4 S. 2 GWB die Umsätze der Mitglieder keine Berücksichtigung, gegen deren Rechtsträger im Zusammenhang mit der Ordnungswidrigkeit bereits eine Geldbuße festgesetzt wurde oder denen die Geldbuße gemäß § 81k GWB erlassen wurde.

Die Regelung des § 81c Abs. 4 S. 1 GWB geht insoweit über die Vorgaben der »ECN-Plus«-Richtlinie hinaus, als dass – im Gegensatz zu Erwägungsgrund Nr. 48 der »ECN-Plus«-Richtlinie[22] – nicht der tatbezogene Umsatz, sondern der Gesamtumsatz der Mitgliedsunternehmen als Bemessungsgröße herangezogen wird.[23] Demnach sind gemäß § 81c Abs. 4 S. 1 GWB auch sämtliche Umsätze zu berücksichtigen, welche durch die maßgeblichen Mitgliedsunternehmen auf nicht kartellbetroffenen Märkten erzielt werden.[24] Die damit einhergehende fehlende Beschränkung auf tatbezogene Umsätze[25] und der Umstand, dass der heranzuziehende Gesamtumsatz bei besonders vielen, gegebenenfalls umsatzstarken Mitgliedsunternehmen besonders groß ist, hat zur Folge, dass der Bußgeldrahmen gemäß § 81c Abs. 4 S. 1 GWB außergewöhnlich hoch ausfallen kann.[26]

---

22 Der Erwägungsgrund stellt ausdrücklich auf den »[...] mit der Zuwiderhandlung in einem unmittelbaren oder mittelbaren Zusammenhang stehenden Gesamtumsatz mit Waren und Dienstleistungen der Mitglieder der Vereinigung [...]« ab.

23 *Giese/Heinichen/Janssen/Klumpp/Schelzke/Steinle*, NZKart 2020, S. 562, 567; *Kahlenberg/Rahlmeyer/Giese*, BB 2020, S. 2691, 2698.

24 Krit., *Studienvereinigung Kartellrecht*, Stellungnahme »Bußgeldsachen«, Rn. 7-10.

25 Siehe hierzu, *Giese/Heinichen/Janssen/Klumpp/Schelzke/Steinle*, NZKart 2020, S. 562, 567, welche eine Beschränkung auf den tatbezogenen Umsatz aufgrund verfassungsrechtlicher Vorgaben als geboten erachten.

26 Vgl., *Nagel/Hillmer*, DB 2021, S. 494, 496; besonders anschaulich, *Giese/Heinichen/Janssen/Klumpp/Schelzke/Steinle*, NZKart 2020, S. 562, 567; *Studienvereinigung Kartellrecht*, Stellungnahme »Bußgeldsachen«, Rn. 8.

3. Zusammenfassung

Die neue Regelung des § 81c Abs. 4 S. 1 GWB begründet bereits bei der Ermittlung des anzuwendenden Bußgeldrahmens eine Weichenstellung für die Zumessung einer Geldbuße gegenüber dem Rechtsträger einer Unternehmensvereinigung. Während sich § 81c Abs. 2 GWB an dem regelmäßig niedrigen Umsatz der Unternehmensvereinigung orientiert, erlaubt § 81c Abs. 4 S. 1 GWB die Bestimmung des Bußgeldrahmens anhand des summierten Gesamtumsatzes konkretisierter Unternehmen. Aufgrund dessen kann die Anwendung des § 81c Abs. 4 S. 1 GWB im Einzelfall zu einem exorbitant hohen Höchstbetrag der festzusetzenden Geldbuße führen.

III. Die Zumessungskriterien des § 81d Abs. 1 und Abs. 2 GWB

Die Zumessung der Geldbuße im engeren Sinne bestimmt sich nach § 81d GWB, welcher durch § 17 Abs. 3 OWiG ergänzt wird[27]. Neu eingeführt hat der Gesetzgeber in § 81d Abs. 1 S. 2 GWB einen nicht-abschließenden[28] Katalog abzuwägender Umstände, die im Rahmen der Bußgeldzumessung von besonderer Bedeutung sind. Gemäß § 17 Abs. 3 S. 2 Hs. 1 OWiG i. V. m. § 81d Abs. 2 GWB sind daneben die wirtschaftlichen Verhältnisse des Unternehmens oder der Unternehmensvereinigung für die Zumessung der Geldbuße maßgeblich. Unklar ist jedoch, inwiefern diese Zumessungskriterien für die Bemessung einer Geldbuße gegenüber dem Rechtsträger einer Unternehmensvereinigung herangezogen werden können.

1. *Regelungsgehalt: Gebot der Berücksichtigung besonderer Umstände gemäß § 81d Abs. 1 S. 2 GWB*

Zunächst ist zu klären, welcher normative Regelungsgehalt § 81d Abs. 1 S. 2 GWB zukommt. Insoweit stellt sich die Frage, ob die Gerichte und Kartellbehörden verpflichtet sind, die speziell normierten Zumessungskriterien im Rahmen der Bußgeldentscheidung einzubeziehen oder ob diese eine bloße unverbindliche Orientierungshilfe darstellen. Für die Annahme einer Pflicht zur Berücksichtigung spricht der Normzweck des § 81d Abs. 1 S. 2 GWB. Mit der Normierung der speziellen Zumessungskriterien[29] verfolgt der Gesetzgeber das Ziel, die Kriterien der Bußgeldbemessung weiter zu konkretisieren, damit den Kartellbehörden[30] und Gerichten die Ausfüllung des Bußgeldrahmens zu erleichtern und die Einheitlichkeit der Bemessungspraxis zu fördern.[31] Gerade die letztgenannte Einheitlichkeit ist aber nur zu erreichen, wenn sowohl Kartellbehörden als auch Gerichte verpflichtet sind, die speziellen Zumessungskriterien des § 81d Abs. 1 S. 2 GWB

27 *Heinichen*, in: BeckOK KartellR, 6. Ed., Stand: 01.10.2022, § 81d GWB, Rn. 1, 9; *Vollmer*, in: MüKo WettbewerbsR, GWB, 4. Aufl. (2022), § 81d GWB, Rn. 8.

28 BReg, Regierungsentwurf 10. GWB-Novelle v. 19.10.2020 – BT-Drs. 19/23492, S. 127.

29 *Raum*, in: Bunte, Dt. KartellR, 14. Aufl. (2022), § 81d GWB, Rn. 13.

30 Neben dem Bundeskartellamt sind damit die Landeskartellbehörden angesprochen.

31 Breg, Regierungsentwurf 10. GWB-Novelle v. 19.10.2020 – BT-Drs. 19/23492, S. 127.

zu berücksichtigen und nicht frei über deren Anwendbarkeit entscheiden können.[32] Folglich ist der normative Gehalt des § 81d Abs. 1 S. 2 GWB darin zu sehen, dass die Kartellbehörden und Gerichte die Einbeziehung der benannten Zumessungskriterien nicht mehr pauschal verweigern können, sondern diese im Rahmen der Bußgeldbemessung berücksichtigen müssen.[33] Das bedeutet, dass den Kartellbehörden und den Gerichten im Rahmen des § 81d Abs. 1 S. 2 GWB allein die Prüfung obliegt, ob das jeweilige Kriterium im Einzelfall vorliegt und in welchem Umfang sich das (Nicht-)Vorliegen auf die Bemessung der Geldbuße auswirkt.[34]

2. *Ausmaß der Zuwiderhandlung*

Als besondere Ausprägung[35] des Kriteriums der »Schwere der Zuwiderhandlung« (§ 81d Abs. 1 S. 1 Alt. 1 GWB) normiert § 81d Abs. 1 S. 2 Nr. 1 Alt. 2 GWB das Gebot, das Ausmaß der Zuwiderhandlung bei der Bußgeldbemessung zu berücksichtigen. Dahingehend sind insbesondere die mit der Zuwiderhandlung in unmittelbarem oder mittelbarem Zusammenhang stehenden Umsätze, das heißt die tatbezogenen Umsätze[36] (§ 81d Abs. 1 S. 2 Nr. 1 Alt. 2 a. E. GWB), heranzuziehen.

Unklar ist, inwieweit § 81d Abs. 1 S. 2 Nr. 1 Alt. 2 a. E. GWB bei der Zumessung einer Geldbuße gegenüber dem Rechtsträger einer Unternehmensvereinigung Anwendung finden kann. Ist die Unternehmensvereinigung mangels wirtschaftlicher Tätigkeit[37] nicht Teilnehmer auf dem von der Zuwiderhandlung betroffenen Markt, können dem Rechtsträger der Unternehmensvereinigung von vornherein keine unmittelbaren Umsätze

---

32 Die Pflicht zur Berücksichtigung der Kriterien des § 81d Abs. 1 S. 2 Nr. 1-3 GWB folgt zudem daraus, dass diese eine Konkretisierung der zwingend zu berücksichtigenden Umstände des § 81d Abs. 1 S. 1 GWB darstellen, siehe hierzu, *König*, in: FS Säcker (2021), S. 265.

33 So zumindest in Bezug auf § 81d Abs. 1 S. 2 Nr. 1-3 GWB, *König*, in: FS Säcker (2021), S. 265; vgl. zu § 81d Abs. 1 S. 2 Nr. 5 GWB, *Holle*, ZweR 2020, S. 351, 354.

34 So zumindest in Bezug auf § 81d Abs. 1 S. 2 Nr. 1-3 GWB, *König*, in: FS Säcker (2021), S. 265.

35 *Heinichen*, in: BeckOK KartellR, 6. Ed., Stand: 01.10.2022, § 81d GWB, Rn. 21; ähnlich, *König*, in: FS Säcker (2021), S. 265.

36 Breg, Regierungsentwurf 10. GWB-Novelle v. 19.10.2020 – BT-Drs. 19/23492, S. 128; *Raum*, in: Bunte, Dt. KartellR, 14. Aufl. (2022), § 81d GWB, Rn. 15; *Achenbach*, in: FK KartellR, 103. EL, Stand: 09.2022, § 81d GWB, Rn. 13.

37 Siehe oben, II. 1.

aus der Zuwiderhandlung in Gestalt des wettbewerbswidrigen Beschlusses zufließen. Allerdings lässt der offene Wortlaut des § 81d Abs. 1 S. 2 Nr. 1 Alt. 2 a. E. GWB das Verständnis zu, dass auch die von den Vereinigungsmitgliedern erzielten Umsätze als mittelbar im Zusammenhang mit der Zuwiderhandlung stehende Umsätze einzuordnen sind. Für eine solche Einordnung spricht, dass hiermit ein Gleichlauf zwischen § 81c Abs. 4 S. 1 GWB und der Bußgeldbemessung im engeren Sinne hergestellt werden kann. Müsste gemäß § 81d Abs. 1 S. 2 Nr. 1 Alt. 2 GWB auf die Umsätze der Unternehmensvereinigung abgestellt werden, hätte dies eine faktische Aushöhlung der Regelung des § 81c Abs. 4 S. 1 GWB zur Folge, da auf Grundlage dieser Umsätze allenfalls ein Bruchteil des erweiterten Bußgeldrahmens ausgeschöpft werden könnte. Das stünde jedoch im Widerspruch zu dem in Erwägungsgrund Nr. 40 »ECN-Plus«-Richtlinie erklärten und vom deutschen Gesetzgeber[38] mit der 10. GWB-Novelle verfolgten Ziel, die Möglichkeit der Verhängung einer wirksamen Geldbuße gegen den Rechtsträger einer Unternehmensvereinigung zu schaffen.

Somit ist davon auszugehen, dass die infolge eines Wettbewerbsverstoßes erzielten Umsätze der Mitgliedsunternehmen – zumindest im Falle der Anwendbarkeit des § 81c Abs. 4 S. 1 GWB – als mit der Zuwiderhandlung mittelbar in Zusammenhang stehende Umsätze und damit als tatbezogene Umsätze zu begreifen sind.

3. *Vorausgegangene Zuwiderhandlung*

Bereits im Vorfeld der 10. GWB-Novelle wurde das (Nicht-)Vorliegen einer vorausgegangenen Zuwiderhandlung im Rahmen der Bußgeldbemessung berücksichtigt.[39] Eine an die vorausgegangene Zuwiderhandlung anschließende Wiederholungstat liegt vor, wenn eine Zuwiderhandlung begangen

38 BReg, Regierungsentwurf 10. GWB-Novelle v. 19.10.2020 – BT-Drs. 19/23492, S. 126.

39 Siehe zur kartellbehördlichen Berücksichtigung etwa, BKartA, Bußgeldleitlinien 2013 v. 25.06.2013, Ziff. 16; BKartA, TB 1989/90 – BT-Drs. 12/847, S. 59; BKartA, TB 1978 – BT-Drs. 8/2980, S. 57; vgl. zur gerichtlichen Berücksichtigung, KG Berlin, Urteil v. 17.09.1992 – Kart 12/91, WuW/E OLG 5053, 5062, welches die Ersttäterschaft bußgeldmindernd berücksichtigt; allgemein, *Vollmer*, in: MüKo WettbewerbsR, GWB, 4. Aufl. (2022), § 81d GWB, Rn. 13.

wurde, nachdem der identische Täter bereits für einen gleichartigen oder zumindest ähnlichen Verstoß[40] geahndet wurde.[41]

a) Berücksichtigung gemäß § 81d Abs. 1 S. 2 Nr. 4 Alt. 1 GWB

Mit § 81d Abs. 1 S. 2 Nr. 4 Alt. 1 GWB wurde dieses Zumessungskriterium ausdrücklich als besonders zu beachtender Umstand normiert, sodass die Einbeziehung des Vorliegens einer Wiederholungstat nunmehr gesetzlich geboten[42] ist. Der Wortlaut des § 81d Abs. 1 S. 2 Nr. 4 Alt. 1 GWB nimmt allerdings nur Unternehmen, nicht aber Unternehmensvereinigungen, in Bezug.[43] Gegenüber § 81d Abs. 1 S. 2 a. A. GWB, welcher die besondere Berücksichtigung der neu normierten Zumessungskriterien für Unternehmen und Unternehmensvereinigungen anordnet, wird damit im Rahmen des eigentlichen Zumessungskriteriums eine Verengung in Bezug auf den Täter der Wiederholungstat bewirkt. Hieraus folgt, dass auf Grundlage einer grammatischen und systematischen Auslegung aus § 81d Abs. 1 S. 2 Nr. 4 Alt. 1 GWB kein Gebot gegenüber den Kartellbehörden und den Gerichten abgeleitet werden kann, dass eine vorausgegangene Zuwiderhandlung auch bei der Zumessung der Geldbuße gegenüber dem Rechtsträger einer Unternehmensvereinigung besonders zu berücksichtigen ist.

b) Rückgriff auf § 17 Abs. 3 S. 1 OWiG

Die in § 81d Abs. 1 S. 2 GWB normierten Zumessungskriterien sind allerdings nicht-abschließend[44], sodass die Anwendung des § 17 Abs. 3 S. 1 OWiG grundsätzlich nicht ausgeschlossen wird. Infolgedessen könnte ein Gebot der Berücksichtigung des Vorliegens einer Wiederholungstat aus § 17 Abs. 3 S. 1 OWiG folgen.

---

40 *Giese/Heinichen/Janssen/Klumpp/Schelzke/Steinle*, NZKart 2020, S. 562, 565.

41 *Heinichen*, in: BeckOK KartellR, 6. Ed., Stand: 01.10.2022, § 81d GWB, Rn. 37 f.

42 Siehe oben, III. 1.

43 »vorausgegangene Zuwiderhandlungen des Unternehmens […]«.

44 Siehe oben, III.

aa) Abschließende Wirkung des § 81d Abs. 1 Nr. 4 Alt. 1 GWB in Hinblick auf den Sanktionsadressaten?

Zweifel an der gleichzeitigen Anwendbarkeit der § 81d Abs. 1 GWB und § 17 Abs. 3 S. 1 OWiG werden allerdings durch den konkreten Zuschnitt des § 81d Abs. 1 Nr. 4 Alt. 1 GWB begründet. Zwar kommt der Regelung, wie sich unmittelbar aus dem Wortlaut des § 81d Abs. 1 S. 2 a. A. GWB ergibt[45], in Hinblick auf das dort normierte spezielle Zumessungskriterium keine abschließende Wirkung zu. Jedoch geht es vorliegend nicht um die Heranziehung eines nicht in § 81d Abs. 1 S. 2 GWB speziell normierten tat- oder täterbezogenen Umstandes. Vielmehr soll das täterbezogene Zumessungskriterium[46] bei der Zumessung einer Geldbuße gegenüber einem anderen Sanktionsadressaten angewandt werden. Das heißt, es stellt sich nicht die Frage, ob neben den »[...] insbesondere in Betracht [kommenden Umständen]« weitere Kriterien berücksichtigungsfähig sind, sondern ob das normierte Kriterium auch bei der Zumessung einer Geldbuße gegenüber dem Rechtsträger einer Unternehmensvereinigung heranzuziehen ist. Der Wortlaut des § 81d Abs. 1 S. 2 Nr. 4 Alt. 1 GWB, der gerade nur Unternehmen in Bezug nimmt, legt insoweit den Schluss nahe, dass § 81d Abs. 1 S. 2 GWB zwar nicht bezüglich der normierten Kriterien, wohl aber in Hinblick auf den Sanktionsadressaten eine abschließende Wirkung zukommt.

Allerdings fehlt es an einem feststellbaren Willen des Gesetzgebers, dass eine vorausgegangene Zuwiderhandlung allein bei der Sanktionierung eines Unternehmensträgers besondere Berücksichtigung finden soll. In der Begründung des Regierungsentwurfs finden sich zu § 81d Abs. 1 S. 2 Nr. 4 Alt. 1 GWB keine Ausführungen, die eine abschließende Regelung nahelegen.[47] Die in § 81d Abs. 1 S. 2 GWB neu normierten Kriterien sollen nach dem Willen des Gesetzgebers vielmehr insbesondere die Einheitlichkeit der Bußgeldbemessung von Kartellbehörde und Gerichten fördern.[48] Dass mit § 81d Abs. 1 S. 2 Nr. 4 Alt. 1 GWB eine Verengung des Zumessungskriteriums bewirkt werden sollte, ist nicht ersichtlich.

Folglich ist eine abschließende Wirkung des § 81d Abs. 1 S. 2 Nr. 4 Alt. 1 GWB auch nicht in Hinblick auf den Sanktionsadressaten anzuneh-

---

45 »[...] kommen als abzuwägende Umstände insbesondere in Betracht [...]«.

46 Etwa, *Bechtold/Bosch,* GWB, 10. Aufl. (2021), § 81d GWB, Rn. 3; *Vollmer,* in: MüKo WettbewerbsR, GWB, 4. Aufl. (2022), § 81d GWB, Rn. 13.

47 Vgl., BReg, Regierungsentwurf 10. GWB-Novelle v. 19.10.2020 – BT-Drs. 19/23492, S. 127-129.

48 BReg, Regierungsentwurf 10. GWB-Novelle v. 19.10.2020 – BT-Drs. 19/23492, S. 127.

men. Infolgedessen ist § 17 Abs. 3 S. 1 OWiG anwendbar. Das hat zur Folge, dass das Vorliegen einer vorausgegangenen, geahndeten Zuwiderhandlung den Vorwurf gegenüber dem Täter (als Teil der Grundlage der Bußgeldbemessung gemäß § 17 Abs. 3 S. 1 OWiG) erschweren kann.

bb) Gebotene Berücksichtigung gemäß § 17 Abs. 3 S. 1 OWiG?

Die Berücksichtigung des Vorliegens einer Wiederholungstat könnte bei der Zumessung einer Geldbuße gegenüber dem Rechtsträger einer Unternehmensvereinigung ebenso wie bei der Sanktionierung eines Unternehmensträgers geboten sein. § 81d Abs. 1 S. 2 Nr. 4 Alt. 1 GWB liegt der Gedanke zugrunde, dass der Täter, der sich trotz früherer Pflichtenermahnung erneut über das Wettbewerbsrecht hinwegsetzt, stärker sanktioniert werden soll.[49] In Bezug auf die mangelnde Abschreckung der vorherigen Pflichtenermahnung kann es insofern jedoch keinen Unterschied machen, ob es sich beim Sanktionsadressaten um den Rechtsträger eines Unternehmens oder einer Unternehmensvereinigung handelt. In beiden Fällen zeigt sich gerade die gesteigerte Missachtung des Täters gegenüber der Wettbewerbsordnung[50]. Es ist somit erforderlich, dass durch eine hinreichende Pflichtenermahnung der Begehung weiterer Zuwiderhandlungen vorgebeugt wird. Folglich ist eine grundsätzlich bußgelderhöhende Berücksichtigung des Vorliegens einer Wiederholungstat gerade zur Erreichung des spezialpräventiven Sanktionszwecks der Geldbuße[51] – in Gestalt einer nachdrücklichen Pflichtenermahnung[52] – geboten.[53]

c) Einklang mit den unionsrechtlichen Vorgaben der »ECN-Plus«-Richtlinie

Ein solches Verständnis, welches die bußgelderhöhende Berücksichtigung einer vorausgegangenen Zuwiderhandlung auch im Rahmen der Sanktio-

---

49 *Giese/Heinichen/Janssen/Klumpp/Schelzke/Steinle*, NZKart 2020, S. 562, 565; *Raum*, in: Bunte, Dt. KartellR, 14. Aufl. (2022), § 81d GWB, Rn. 18.

50 *Biermann*, in: Immenga/Mestmäcker, GWB, 6. Aufl. (2020), § 81 GWB, Rn. 523.

51 *Biermann*, in: Immenga/Mestmäcker, GWB, 6. Aufl. (2020), § 81 GWB, Rn. 504; *Mitsch*, in: KK OWiG, 5. Aufl. (2018), § 17 OWiG, Rn. 9.

52 Zum Wesen der Geldbuße, BVerfG, Beschluss v. 16.07.1969 – 2 BvL 2/69, BVerfGE 27, 18, 33.

53 Vgl., *Raum*, in: Bunte, Dt. KartellR, 14. Aufl. (2022), § 81d GWB, Rn. 18.

nierung des Rechtsträgers einer Unternehmensvereinigung grundsätzlich verlangt, könnte auch seitens der »ECN-Plus«-Richtlinie geboten sein. Insoweit formuliert Art. 13 Abs. 1 der Richtlinie gegenüber den Mitgliedstaaten den Umsetzungsbefehl, sicherzustellen, dass die nationalen Behörden zur Sanktionierung eines Verstoßes gegen Art. 101 AEUV abschreckende Geldbußen verhängen können. Diese materiell-rechtliche Anordnung der Richtlinie wird durch Erwägungsgrund Nr. 47 »ECN-Plus«-Richtlinie dahingehend konkretisiert[54], dass im Falle einer Wiederholungstat die Geldbuße gegenüber einem Unternehmen oder einer Unternehmensvereinigung erhöht werden muss, um eine hinreichende Abschreckung der Sanktion zu erreichen. Begründet wird diese Bußgelderhöhung damit, dass eine Wiederholungstat die Neigung des *Urhebers* zeige, solche Verstöße zu begehen. Eine Differenzierung, ob es sich um eine Wiederholungstat eines Unternehmens oder einer Unternehmensvereinigung handelt, wird durch die Richtlinie gerade nicht vorgenommen. Infolgedessen folgt aus der »ECN-Plus«-Richtlinie die Pflicht der Mitgliedstaaten, einen Rechtszustand[55] herbeizuführen, der die besondere Berücksichtigung einer vorausgegangenen Zuwiderhandlung ohne Rücksicht auf den im Einzelfall zu sanktionierenden Normadressaten des Kartellverbots gebietet. Dieses Ziel wird durch die Heranziehung des § 17 Abs. 3 S. 1 OWiG bei der Sanktionierung des Rechtsträgers einer Unternehmensvereinigung erreicht, sodass die bußgelderhöhende Berücksichtigung des Vorliegens einer Wiederholungstat gemäß § 17 Abs. 3 S. 1 OWiG den Vorgaben der »ECN-Plus«-Richtlinie entspricht.

d) Keine Berücksichtigung einer vorausgegangenen Zuwiderhandlung angeschlossener Mitgliedsunternehmen

Damit ist allerdings noch ungeklärt, ob es für die Zumessung der Geldbuße gegenüber dem Rechtsträger einer Unternehmensvereinigung von Bedeutung ist, wenn angeschlossene Unternehmensträger bereits wegen eines gleichartigen oder zumindest ähnlichen Verstoßes sanktioniert wurden.

---

54 Zur Heranziehung von Erwägungsgründen zur Konkretisierung der Vorgaben des materiellen Teils einer Richtlinie, EuGH, Urteil v. 19.12.2019 – C-418/18 P, ECLI:EU:C:2019:1113, BeckRS 2019, 32137, Rn. 75 – »*Bürgerinitiative*«; *Hobe/Fremuth*, Europarecht (2020), § 10, Rn. 49.

55 *Nettesheim*, in: G/H/N, 77. EL, Stand: September 2022, Art. 288 AEUV, Rn. 112.

Eine bußgelderhöhende Berücksichtigung des Vorliegens einer Wiederholungstat setzt jedoch voraus, dass der Täter der vorausgegangenen und der nachfolgenden Zuwiderhandlung identisch ist.[56] Dies ergibt sich unmittelbar aus dem Zweck der bußgelderhöhenden Berücksichtigung einer Wiederholungstäterschaft. Die Feststellung, dass eine vormalig festgesetzte Geldbuße keine hinreichend abschreckende Wirkung bewirkt hat und infolgedessen die nun festzusetzende Geldbuße erhöht werden muss, setzt gerade voraus, dass sich die bußgeldrechtliche Ahndung in beiden Fällen gegen denselben Sanktionsadressaten richtet. Andernfalls kann eine Erhöhung der Geldbuße gerade nicht damit begründet werden, dass die vormals festgesetzte Geldbuße den Sanktionsadressaten nicht beeindruckt hat.[57]

Folglich ist die vorausgegangene Zuwiderhandlung eines Mitgliedsunternehmens für die Zumessung der Geldbuße gegenüber dem Rechtsträger der Unternehmensvereinigung nicht von Bedeutung.

e) Zusammenfassung

In Einklang mit Art. 13 Abs. 1 »ECN-Plus«-Richtlinie ist die bußgelderhöhende Berücksichtigung des Vorliegens einer Wiederholungstat gemäß § 17 Abs. 3 S. 1 OWiG auch bei der Bemessung einer Geldbuße gegenüber dem Rechtsträger einer Unternehmensvereinigung geboten. Dagegen ist eine vorausgegangene Zuwiderhandlung eines Mitgliedsunternehmens für die Sanktionierung des Rechtsträgers der Unternehmensvereinigung nicht beachtlich.

4. *Maßnahmen der Vortat-Compliance*

Ob Maßnahmen der Vortat-Compliance[58] bei der Bußgeldzumessung im Sinne einer Compliance-Defence bußgeldmindernd zu berücksichtigen sind, war im Vorfeld der 10. GWB-Novelle umstritten. Das Bundeskartellamt lehnte eine bußgeldmindernde Berücksichtigung im Rahmen der

---

56 *Heinichen*, in: BeckOK KartellR, 6. Ed., Stand: 01.10.2022, § 81d GWB, Rn. 37.

57 Zur Begründung der bußgelderhöhenden Berücksichtigung, *Raum*, in: Bunte, Dt. KartellR, 14. Aufl. (2022), § 81d GWB, Rn. 18.

58 Siehe zur näheren Konkretisierung des Begriffs der Compliance etwa, *Volkers*, in: FS Martinek (2021), S. 747-749; *Bosch/Colbus/Harbusch*, WuW 2009, S. 740, 740 f. m. w. N.

Zumessung mit der Begründung ab, dass andernfalls die Gefahr falscher Anreize zur Einrichtung ineffektiver und unwirksamer Vorkehrungen begründet würde.[59] Dagegen wurde in Teilen der Literatur betont, dass eine Einbeziehung deshalb geboten sei, da damit ein Anreiz geschaffen werde, in Compliance-Maßnahmen zu investieren und so präventiv wettbewerbswidriges Verhalten zu vermeiden.[60] Durch die Honorierung bestehender Compliance-Maßnahmen werde der unverfälschte Wettbewerb und somit der Verbraucher geschützt.[61]

Der Gesetzgeber hat mit § 81d Abs. 1 S. 2 Nr. 4 Alt. 2 GWB nun erstmals[62] – und entgegen der bisherigen Praxis des Bundeskartellamtes[63] – die Einbeziehung von Maßnahmen der Vortat-Compliance im Rahmen der wettbewerbsrechtlichen Bußgeldzumessung normiert. Dabei wird eine Kompromisslösung[64] verfolgt, welche die Berücksichtigung von Compliance-Maßnahmen anordnet, eine Bußgeldminderung aber nur unter strengen Voraussetzungen, namentlich der Wirksamkeit und Angemessenheit der Vorkehrungen[65], zulässt. Folge dessen ist, dass die Kartellbehörden und Gerichte nunmehr verpflichtet sind, zumindest unternehmerische Maßnahmen der Compliance bei der Bußgeldbemessung einzubeziehen.[66] Somit kann die grundsätzliche Berücksichtigungsfähigkeit nicht mehr pauschal durch die Behörden und Gerichte zurückgewiesen werden.[67]

---

59 BKartA, Tätigkeitsbericht 2011/2012, BT-Drs. 17/13675, S. 32.

60 Etwa, *Holle*, ZWeR 2020, S. 351, 357 f.; *Trüg/Ruppert*, ZWeR 2020, S. 69, 93; *Krebs/Eufinger/Jung*, CCZ 2011, S. 213, 215; *van Vormizeele*, CCZ 2009, S. 41, 46–48; *Bosch/Colbus/Harbusch*, WuW 2009, S. 740, 745 f.; *Seeliger/Gürer*, WuW 2020, S. 634; unter Verweis auf eine Kosten-Nutzen-Betrachtung aus Unternehmenssicht krit., *König*, in: FS Säcker (2021), S. 268-274.

61 *Ritz/Weiß*, NZKart 2020, S. 364, 365 m. w. N.

62 So auch, *Seeliger/Gürer*, WuW 2020, S. 634; *Moosmayer*, Compliance (2021), § 5, Rn. 303.

63 So auch, *Schreitter/Wünschmann*, NZKart 2022, S. 4, 6; *Seeliger/Gürer*, WuW 2020, S. 634, 634 f.

64 *Breuer/Friedrich*, in: Bien/Käseberg/Klumpe/Körber/Ost (2021), Kap. 3, Rn. 117.

65 Dahingehend bestmögliche Vorkehrungen fordernd, *Breuer/Friedrich*, in: Bien/Käseberg/Klumpe/Körber/Ost (2021), Kap. 3, Rn. 117; weiter, *Heinichen*, in: BeckOK KartellR, 6. Ed., Stand: 01.10.2022, § 81d GWB, Rn. 44; siehe zum Prüfungsmaßstab des Bundeskartellamtes, BKartA, Bußgeldleitlinien 2021 v. 11.10.2021, Anm. 3 zu Ziff. 14.

66 Vgl., *Holle*, ZWeR 2020, S. 351, 354.

67 *König*, in: FS Säcker (2021), S. 263.

a) Berücksichtigung zugunsten des Rechtsträgers einer Unternehmensvereinigung?

Unklar ist aber, ob Maßnahmen der Vortat-Compliance auch bei der Sanktionierung des Rechtsträgers einer Unternehmensvereinigung[68] heranzuziehen sind, soweit die Vereinigung wirksame und angemessene Vorkehrungen zur Vermeidung und Aufdeckung von Zuwiderhandlungen getroffen hat.

aa) Beschränkung auf Compliance-Maßnahmen von Unternehmen

Der Wortlaut des § 81d Abs. 1 S. 2 Nr. 4 Alt. 2 GWB, welcher allein darauf abstellt, dass entsprechende Vorkehrungen vorgenommen worden sind, lässt ein solches Verständnis zu. Allerdings spricht die Systematik zu § 81d Abs. 1 S. 2 Nr. 4 Alt. 1 GWB gegen ein Gebot der Berücksichtigung entsprechender Maßnahmen. Wie dargelegt[69] normiert § 81d Abs. 1 S. 2 Nr. 4 Alt. 1 GWB allein ein Zumessungskriterium für die Bußgeldzumessung gegenüber einem Unternehmensträger. Insofern liegt der Schluss nahe, dass auch durch § 81d Abs. 1 S. 2 Nr. 4 Alt. 2 GWB allein ein Vorverhalten eines Unternehmens erfasst wird.[70] Jenes Verständnis steht im Einklang mit der Beschlussempfehlung des Ausschusses für Wirtschaft und Energie[71]. Die Beschlussempfehlung nimmt allein Bezug auf Vortat-Compliance-Maßnahmen von Unternehmen. Konkret wird ausgeführt, dass mit § 81d Abs. 1 S. 2 Nr. 4 Alt. 2 GWB jene »Fälle, in denen der Inhaber eines Unternehmens alle objektiv erforderlichen Vorkehrungen ergriffen hat, um Zuwiderhandlungen [...] wirksam zu verhindern [...]« erfasst werden sollen.[72] Vor diesem Hintergrund ist davon auszugehen, dass der Gesetzgeber bei der Normierung des § 81d Abs. 1 S. 2 Nr. 4 Alt. 2 GWB die Einbeziehung von Maßnahmen der Vortat-Compliance nur für Unternehmen regeln wollte.

Somit sind aufgrund des neu eingefügten Zumessungskriteriums allein Maßnahmen der Vortat-Compliance eines Unternehmens bei der Bußgeld-

---

68 Vgl. zu Compliance-Maßnahmen in der Unternehmensvereinigung etwa, *Kapp/Hummel*, CCZ 2013, S. 240; *Brouwer*, CCZ 2009, S. 161.

69 Siehe oben, III. 3. a).

70 So wohl, *Raum*, in: Bunte, Dt. KartellR, 14. Aufl. (2022), § 81d GWB, Rn. 18, der in § 81d Abs. 1 S. 2 Nr. 4 GWB das »Vorverhalten des Unternehmens« normiert sieht.

71 BT, Beschlussempfehlung und Bericht des Ausschusses für Wirtschaft und Energie v. 13.01.2021 – BT-Drs. 19/25868.

72 BT, Beschlussempfehlung und Bericht des Ausschusses für Wirtschaft und Energie v. 13.01.2021 – BT-Drs. 19/25868, S. 122.

zumessung zwingend zu beachten. Das bedeutet, es kann aus § 81d Abs. 1 S. 2 Nr. 4 Alt. 2 GWB nicht abgeleitet werden, dass auch im Vorfeld eines Verstoßes eingerichtete, wirksame und angemessene Vorkehrungen einer Unternehmensvereinigung bei der Sanktionierung des Rechtsträgers bußgeldmindernd zu berücksichtigen sind.

bb) Einbeziehung aufgrund des § 17 Abs. 3 S. 1 OWiG?

Die bußgeldmindernde Berücksichtigung der Vortat-Compliance zugunsten des Rechtsträgers einer Unternehmensvereinigung könnte allerdings gemäß § 17 Abs. 3 S. 1 OWiG geboten sein.

Das würde allerdings voraussetzen, dass – entsprechend § 81d Abs. 1 Nr. 4 Alt. 2 GWB – aus § 17 Abs. 3 S. 1 GWB ein Gebot gegenüber den Kartellbehörden und den Gerichten gefolgert werden kann, dass Maßnahmen der Vortat-Compliance als Umstand bei der Bußgeldbemessung einzubeziehen sind. Insofern ist jedoch zu beachten, dass die Berücksichtigung von Maßnahmen der Vortat-Compliance im Rahmen der Bußgeldzumessung gerade erst durch die 10. GWB-Novelle gesetzlich eingeführt wurde und § 81d Abs. 1 S. 2 Nr. 4 Alt. 2 GWB damit eine grundlegende Neuerung darstellt. Das bedeutet, dass der Gesetzgeber mit dieser Regelung kein bereits aus § 17 Abs. 3 S. 1 OWiG resultierendes Zumessungskriterium in das GWB überführt, sondern die Vorgabe neu geschaffen hat. Ist dies aber der Fall, kann aus der ordnungswidrigkeitenrechtlichen Regelung kein Gebot abgeleitet werden, dass Maßnahmen der Vortat-Compliance zugunsten des Rechtsträgers einer Unternehmensvereinigung zu berücksichtigen sind.

cc) Selbstbindung des Bundeskartellamtes zur Berücksichtigung von Compliance-Maßnahmen der Unternehmensvereinigung

Allerdings könnte sich zumindest eine Pflicht des Bundeskartellamtes zur grundsätzlichen Berücksichtigung von Maßnahmen der Vortat-Compliance zugunsten des Rechtsträgers einer Unternehmensvereinigung aus den Bußgeldleitlinien 2021 ergeben. Die Bußgeldleitlinien, welche auf Grundlage des § 81d Abs. 4 GWB[73] festgelegt wurden, stellen allgemeine Verwal-

73 § 81d Abs. 4 GWB entspricht § 81 Abs. 7 GWB a. F.

tungsgrundsätze dar.[74] In Verbindung mit Art. 3 Abs. 1 GG und dem Vertrauensprinzip begründen diese eine Selbstbindung der Kartellbehörde.[75]

Gemäß den Bußgeldleitlinien stellt das Vorliegen von Vorkehrungen der Vortat-Compliance ein täterbezogenes Kriterium dar, welches im Rahmen der Zumessung zu berücksichtigen ist.[76] Zwar bezieht sich Ziffer 14 der Bußgeldleitlinien 2021 ebenfalls ausschließlich auf Unternehmen, allerdings wird unter Ziffer 1 der Leitlinien die entsprechende Geltung für Unternehmensvereinigungen ausdrücklich angeordnet. Das bedeutet, dass die Behörde bei der Zumessung einer Geldbuße gegenüber dem Rechtsträger einer Unternehmensvereinigung zwar nicht gesetzlich gemäß § 81d Abs. 1 S. 2 Nr. 4 Alt. 2 GWB, jedoch aufgrund der aus den Bußgeldleitlinien resultierenden Selbstbindung zur Einbeziehung von Maßnahmen der Vortat-Compliance verpflichtet ist.

dd) Kritische Würdigung

Dieses Ergebnis löst tiefgreifende Bedenken aus. Zunächst besteht die Gefahr, dass der vom Gesetzgeber verfolgte Zweck, eine Einheitlichkeit der Bußgeldbemessung von Bundeskartellamt und Gericht sicherzustellen[77], verfehlt wird. Das ergibt sich aus dem Umstand, dass es an einer gesetzlichen Anordnung fehlt, Maßnahmen der Vortat-Compliance zugunsten des Rechtsträgers einer Unternehmensvereinigung zu berücksichtigen, das Bundeskartellamt jene gleichwohl infolge der Bußgeldleitlinien berücksichtigen muss. Die Bußgeldleitlinien bewirken mangels Rechtssatzqualität[78] nur eine Selbstbindung der Kartellbehörde, sodass die Gerichte durch diese nicht verpflichtet werden können.[79] Vielmehr wird seitens der Gerichte

---

74 *Wagener/Oest*, in: Kamann/Ohlhoff/Völcker (2017), § 18, Rn. 90, 148; *Künstner*, in: Schulte/Just, KartellR, 2. Aufl. (2016), § 81 GWB, Rn. 14.

75 Zur Selbstbindung des Bundeskartellamtes, *Biermann*, in: Immenga/Mestmäcker, GWB, 6. Aufl. (2020), § 81 GWB, Rn. 543; ähnlich, *Bach/Klumpp*, NJW 2006, S. 3524, 3525; *Heinichen*, in: BeckOK KartellR, 6. Ed., Stand: 01.10.2022, § 81d GWB, Rn. 96; *Heinichen*, DB 2021, S. 2685; *Bechtold/Bosch*, GWB, 10. Aufl. (2021), § 81d GWB, Rn. 12; *Bunte/Stancke*, Kartellrecht mit Vergaberecht und Beihilfenrecht (2022), § 11, Rn. 59.

76 BKartA, Bußgeldleitlinien 2021 v. 11.10.2021, Ziff. 14, sowie Anm. 3 zu Ziff. 14.

77 BReg, Regierungsentwurf 10. GWB-Novelle v. 19.10.2020 – BT-Drs. 19/23492, S. 127.

78 *Künstner*, in: Schulte/Just, KartellR, 2. Aufl. (2016), § 81 GWB, Rn. 14.

79 Konkret zu Compliance-Maßnahmen, *Meyer-Lindemann*, WuW 2020, S. 16, 18; allgemein, *Bach/Klumpp*, NJW 2006, S. 3524, 3525; *Bechtold/Bosch*, GWB, 10. Aufl. (2021),

eine völlig autonome Bewertung vorgenommen.[80] Das bedeutet, dass mangels Einheitlichkeit der heranzuziehenden Zumessungskriterien die kartellbehördliche und kartellgerichtliche Bemessung der Geldbuße weiterhin deutlich voneinander abweichen kann.

Ferner stellt sich die grundsätzliche Frage, ob die in § 81d Abs. 1 S. 2 Nr. 4 Alt. 2 GWB verankerte Ungleichbehandlung der Sanktionsadressaten sachlich zu rechtfertigen ist. Nach der Begründung der Beschlussempfehlung des Ausschusses für Wirtschaft und Energie sollen Maßnahmen der Vortat-Compliance deshalb bußgeldmindernd berücksichtigt werden, da wettbewerbswidriges Verhalten regelmäßig erst durch unternehmensinterne Compliance-Maßnahmen aufgedeckt und angezeigt wird.[81] Das bedeutet, durch die Berücksichtigung solcher Maßnahmen soll ein Anreiz zur Verhinderung etwaiger Wettbewerbsrechtsverstöße begründet werden.[82] Würde § 81d Abs. 1 S. 2 Nr. 4 Alt. 2 GWB auf Unternehmensvereinigungen ausgeweitet, würde auch diesen gegenüber eine solche Anreizwirkung zur Investition in Compliance-Maßnahmen[83] geschaffen werden. Die damit bewirkte Einrichtung von Compliance-Maßnahmen könnte folglich auch dazu führen, dass Verstöße von Unternehmensvereinigungen gegen das Wettbewerbsrecht vermieden werden.

Aufgrund dessen ist die derzeitige Regelung des § 81d Abs. 1 S. 2 Nr. 4 Alt. 2 GWB lückenhaft. Es liegt somit am Gesetzgeber, das Zumessungskriterium *de lege ferenda* ausdrücklich auf die Berücksichtigungsfähigkeit bei der Sanktionierung des Rechtsträgers einer Unternehmensvereinigung zu erweitern.

b) Keine Berücksichtigung von Compliance-Maßnahmen der Mitgliedsunternehmen

Fraglich ist, ob Compliance-Maßnahmen der Mitgliedsunternehmen gemäß § 81d Abs. 1 S. 2 Nr. 4 Alt. 2 GWB zu einer Bußgeldminderung zugunsten des Rechtsträgers der Unternehmensvereinigung führen können.

---

§ 81d GWB, Rn. 12; *Biermann*, in: Immenga/Mestmäcker, GWB, 6. Aufl. (2020), § 81 GWB, Rn. 543.

80 *Mühlhoff*, NZWiSt 2013, S. 321, 329.

81 BT, Beschlussempfehlung und Bericht des Ausschusses für Wirtschaft und Energie v. 13.01.2021 – BT-Drs. 19/25868, S. 122.

82 Grundsätzlich, *Holle*, ZWeR 2020, S. 351, 357 f.

83 Vgl., *Stammwitz*, CB 2021, S. 191, 192.

Gegen eine Einbeziehung spricht bereits, dass die Unternehmensvereinigung eine von den Unternehmen zu unterscheidende Einheit[84] darstellt. Die Berücksichtigung von unternehmerischen Compliance-Maßnahmen zugunsten des Rechtsträgers der Unternehmensvereinigung hätte zur Folge, dass der Sanktionsadressat von einem Verhalten eines Dritten profitieren würde. Insoweit würde es allerdings an einem Bezug zum Täter, den das täterbezogene Zumessungskriterium[85] des § 81d Abs. 1 S. 2 Nr. 4 Alt. 2 GWB gerade voraussetzt, fehlen.

Somit können Compliance-Maßnahmen der Mitgliedsunternehmen nicht gemäß § 81d Abs. 1 S. 2 Nr. 4 Alt. 2 GWB bußgeldmindernd im Rahmen der Bußgeldbemessung gegenüber dem Rechtsträger einer Unternehmensvereinigung herangezogen werden.

5. *Bemühen der Aufdeckung und Schadenswiedergutmachung*

Unsicher ist außerdem, ob Aufdeckungs- und Schadenswiedergutmachungsbemühungen im Sinne des § 81d Abs. 1 S. 2 Nr. 5 Var. 1, 2 GWB als bußgeldmindernder Umstand im Rahmen der Sanktionierung des Rechtsträgers einer Unternehmensvereinigung zu beachten sind.

a) Beschränkung auf Bemühungen eines Unternehmens

Nach dem Wortlaut des § 81d Abs. 1 S. 2 Nr. 5 Var. 1, 2 GWB stellt nur das entsprechende Nachtatverhalten eines Unternehmens einen besonders zu berücksichtigenden Umstand für die Bußgeldbemessung dar. Auch die Begründung des Regierungsentwurfs bezieht sich allein auf die Schadenswiedergutmachung und ergriffenen Maßnahmen zur Aufklärung seitens des Unternehmens.[86] Daneben spricht die Binnensystematik des § 81d Abs. 1 S. 2 GWB und die Systematik zu § 81d Abs. 2 GWB dafür, dass das Zumessungskriterium im Rahmen der Sanktionierung des Rechtsträgers einer Unternehmensvereinigung nicht besonders zu berücksichtigen ist. Das ergibt

84 Siehe zur Abgrenzung anhand des (Nicht-)Vorliegens einer wirtschaftlichen Tätigkeit etwa, *Zimmer*, in: Immenga/Mestmäcker, EU KartellR, 6. Aufl. (2019), Art. 101 AEUV, Rn. 58.

85 So auch, BKartA, Bußgeldleitlinien 2021 v. 11.10.2021, Ziff. 14.

86 BReg, Regierungsentwurf 10. GWB-Novelle v. 19.10.2020 – BT-Drs. 19/23492, S. 128.

sich – entsprechend den Ausführungen zu § 81d Abs. 1 S. 2 Nr. 4 Alt. 1 GWB[87] – aus dem Umstand, dass in § 81d Abs. 1 S. 2 a. A. GWB und in § 81d Abs. 2 GWB abweichend von § 81d Abs. 1 S. 2 Nr. 5 Var. 1, 2 GWB neben Unternehmen auch Unternehmensvereinigungen in Bezug genommen werden. Ist dies der Fall, muss davon ausgegangen werden, dass die Regelung des § 81d Abs. 1 S. 2 Nr. 5 Var. 1, 2 GWB entsprechend dem Wortlaut nur für die Sanktionierung von Unternehmensträgern gilt.

b) Sachliche Rechtfertigung der Beschränkung des jeweiligen Zumessungskriteriums auf die Bebußung eines Unternehmensträgers?

Dies wirft die Frage auf, ob eine solche Beschränkung der alleinigen Berücksichtigung von Aufdeckungs- bzw. Schadenswiedergutmachungsbemühungen bei der Sanktionierung eines Unternehmensträgers sachlich gerechtfertigt ist.

aa) Aufdeckungsbemühungen

Werden Bemühungen zur Aufdeckung einer Zuwiderhandlung bußgeldmindernd berücksichtigt, soll damit die Kooperation bei der Tataufklärung honoriert werden.[88] Insofern wird durch § 81d Abs. 1 S. 2 Nr. 5 Var. 1 GWB die sich nach außen zeigende Einstellung des Täters, die Kartellbehörde bei der Aufklärung des Sachverhalts zu unterstützen, belohnt.[89] Im Verhältnis zum Kronzeugenprogramm gemäß §§ 81h ff. GWB ist die bußgeldmindernde Berücksichtigung von Bemühungen zur Aufdeckung der Zuwiderhandlung insbesondere dann von eigenständiger Bedeutung, wenn kein entsprechender Antrag auf Kronzeugenbehandlung gemäß § 81i GWB gestellt wurde.[90] Das bedeutet, dass in diesem Fall durch die Einbeziehung eine Minderung der Geldbuße zur Honorierung der Bemühungen ermöglicht wird.

Die Honorierung entsprechender Bemühungen könnte jedoch auch im Rahmen der Sanktionierung des Rechtsträgers einer Unternehmensvereinigung angezeigt sein. Denn auch bei der Sanktionierung einer Zuwiderhandlung der Unternehmensvereinigung kann eine entsprechende Koope-

87 Siehe oben, III. 3.

88 Vgl., BReg, Regierungsentwurf 10. GWB-Novelle v. 19.10.2020 – BT-Drs. 19/23492, S. 128; *Schreitter/Wünschmann*, NZKart 2022, S. 4, 8.

89 *Heinichen*, in: BeckOK KartellR, 6. Ed., Stand: 01.10.2022, § 81d GWB, Rn. 47.

90 *Bechtold/Bosch*, GWB, 10. Aufl. (2021), § 81d GWB, Rn. 7.

ration dazu beitragen, dass der Sachverhalt durch die Kartellbehörde überhaupt (vollständig) aufgeklärt werden kann. Außerdem könnte die fehlende Einbeziehung von Bemühungen der Unternehmensvereinigung zu einem Bruch im Verhältnis zum Kronzeugenprogramm führen. Gemäß § 81i Abs. 1 S. 2 GWB kann nämlich auch die Unternehmensvereinigung als Kartellbeteiligte im Sinne des § 81h Abs. 1 GWB einen Antrag auf Kronzeugenbehandlung stellen und infolgedessen einen Erlass (§ 81k GWB) oder eine Ermäßigung (§ 81l GWB) der Geldbuße erlangen. Wird § 81d Abs. 1 S. 2 Nr. 5 Var. 1 GWB die dargelegte ergänzende Funktion im Verhältnis zum Kronzeugenprogramm beigemessen, ist nicht nachvollziehbar, weshalb das Zumessungskriterium nur bei unternehmerischen Bemühungen Anwendung finden soll.

Folglich mangelt es an einer sachlichen Rechtfertigung der Beschränkung des Zumessungskriteriums des § 81d Abs. 1 S. 2 Nr. 5 Var. 1 GWB auf unternehmerische Bemühungen, sodass auch eine bußgeldmindernde Berücksichtigung zugunsten des Rechtsträgers einer Unternehmensvereinigung angezeigt ist.

bb) Bemühen der Schadenswiedergutmachung

Bußgeldmindernd ist gemäß § 81d Abs. 1 S. Nr. 5 Var. 2 GWB zudem das ernsthafte Bemühen des Sanktionsadressaten zu berücksichtigen, freiwillig den durch die Zuwiderhandlung entstandenen Schaden wiedergutzumachen.[91] Damit soll die positive innere Einstellung des Täters zu dessen Tat honoriert werden.[92]

Problematisch ist, ob dieser bußgeldmindernde Umstand auch bei der Zumessung einer Geldbuße gegen den Rechtsträger einer Unternehmensvereinigung von Bedeutung sein kann. Dahingehend stellt sich die grundsätzliche Frage, ob bei einer Zuwiderhandlung der Unternehmensvereinigung ein Schaden entsteht, welcher durch den Rechtsträger wiedergutgemacht werden könnte. Zweifel ergeben sich diesbezüglich bereits hinsichtlich des Entstehens des Schadens. Die Unternehmensvereinigung ist nichtwirtschaftlich tätig[93] und infolgedessen nicht Marktteilnehmerin. Wird als

91 *Heinichen*, in: BeckOK KartellR, 6. Ed., Stand: 01.10.2022, § 81d GWB, Rn. 48.

92 *Heinichen*, in: BeckOK KartellR, 6. Ed., Stand: 01.10.2022, § 81d GWB, Rn. 48.

93 Siehe oben, II. 1.

Schaden etwa ein Preisaufschlag bei einem Preiskartell begriffen[94], wird dieser erst dadurch begründet, dass ein angeschlossenes Mitgliedsunternehmen die kartellbefangene Ware oder Dienstleistung am Markt absetzt. Da für die Entstehung eines Schadens in diesem Fall immer eine Umsetzung der wettbewerbswidrigen Absprache durch die angeschlossenen Unternehmen erforderlich ist, kann der Beschluss der Unternehmensvereinigung allenfalls als mitursächlich für die Schadensentstehung eingeordnet werden.

Selbst wenn davon ausgegangen wird, dass durch die Zuwiderhandlung der Unternehmensvereinigung ein Schaden entstanden ist, ist unklar, wie dieser durch den Rechtsträger der Unternehmensvereinigung wiedergutgemacht werden könnte. Ein bloßes Einwirken der Organwalter der Vereinigung auf die Mitgliedsunternehmen ist von vornherein nicht geeignet, den infolge der Wettbewerbsbeschränkung bereits eingetretenen Schaden zu beseitigen. Insoweit wäre selbst ein gegenläufiger Beschluss – der seinerseits eine entsprechende Willensbildung in den zuständigen Organen voraussetzt[95] – nur geeignet, eine künftige Veränderung des Marktverhaltens der Mitgliedsunternehmen zu bewirken. Eine gütliche Einigung mit den Geschädigten vor der behördlichen Bußgeldentscheidung[96] dürfte dagegen regelmäßig bereits daran scheitern, dass der Rechtsträger der Unternehmensvereinigung in aller Regel nur über geringe finanzielle Ressourcen[97] verfügt.

Somit lässt sich das Zumessungskriterium nicht sinnvoll auf die Zumessung einer Geldbuße gegenüber dem Rechtsträger einer Unternehmensvereinigung übertragen.[98] Daraus folgt, dass das ernsthafte Bemühen einer Schadenswiedergutmachung nur bei Unternehmen einen besonders zu berücksichtigenden Umstand begründet. Infolgedessen ist die Begrenzung des § 81d Abs. 1 S. 2 Nr. 5 Var. 2 GWB auf das Bemühen eines Unternehmens, den Schaden wiedergutzumachen, sachlich gerechtfertigt.

---

94 So im Rahmen des sogenannten »private enforcement«, *Kersting*, in: L/M/R/K/M, KartellR, 4. Aufl. (2020), § 33a GWB, Rn. 43.

95 *Grave/Nyberg*, in: L/M/R/K/M, KartellR, 4. Aufl. (2020), Art. 101 Abs. 1 AEUV, Rn. 210.

96 *Breuer/Friedrich*, in: Bien/Käseberg/Klumpe/Körber/Ost (2021), Kap. 3, Rn. 107; vgl., Komm., Entscheidung v. 05.12.1984 – IV/30.307, ABl. 1985 L 35, 20, Rn. 23 – »*Feuerversicherung*«.

97 Siehe oben, II. 1.

98 Anders dagegen, BKartA, Bußgeldleitlinien 2021 v. 11.10.2021, Ziff. 14, 1, das auch die Anwendbarkeit des Zumessungskriteriums auf Unternehmensvereinigungen zugrunde legt.

cc) Zusammenfassung

Wird durch § 81d Abs. 1 S. 2 Nr. 5 Var. 2 GWB angeordnet, dass das Bemühen einer Schadenswiedergutmachung nur dann einen besonders zu berücksichtigenden Umstand darstellt, wenn es sich um ein unternehmerisches Bemühen handelt, ist dies mit Blick auf die eigentliche Schadensentstehung und die fehlende Möglichkeit des Rechtsträgers, sämtliche Schäden zu beseitigen, sachlich gerechtfertigt. Nicht nachvollziehbar ist dagegen, weshalb Aufdeckungsbemühungen nur im Rahmen des Kronzeugenprogramms, nicht aber bei der Bußgeldbemessung zugunsten des Rechtsträgers einer Unternehmensvereinigung besonders zu berücksichtigen sind.

c) Anordnung der besonderen Berücksichtigung von Aufdeckungsbemühungen durch § 17 Abs. 3 S. 1 OWiG

Allerdings könnten entsprechende Bemühungen als bußgeldmindernder Umstand im Rahmen des § 17 Abs. 3 S. 1 OWiG zu berücksichtigen sein. Gegenstand des Vorwurfs, der den Täter trifft, ist nämlich auch die Mitwirkung des Täters an der Aufklärung des Sachverhalts.[99] Bemühungen zur Aufdeckung der Zuwiderhandlung zeigen insoweit gerade die Unrechtseinsicht des Täters.[100] Das bedeutet, dass Aufdeckungsbemühungen zwar nicht gemäß § 81d Abs. 1 S. 2 Nr. 5 Var. 1 GWB, jedoch nach § 17 Abs. 3 S. 1 OWiG zugunsten des Rechtsträgers der Unternehmensvereinigung zu berücksichtigen sind.[101]

---

99 Vgl. zur Begründung einer bußgeldmindernden Berücksichtigung von Aufdeckungsbemühungen durch das kartellbehördliche Kronzeugenprogramms, OLG Düsseldorf, Urteil v. 27.03.2006 – VI-Kart 3/05 (OWi), ECLI:DE:OLGD:2006:0327.VI.KART3.05OWI.00, BeckRS 2006, 134816, Rn. 71 – »*Papiergroßhandel*«.

100 OLG Düsseldorf, Urteil v. 27.03.2006 – VI-Kart 3/05 (OWi), ECLI:DE:OLGD:2006:0327.VI.KART3.05OWI.00, BeckRS 2006, 134816, Rn. 71 – »*Papiergroßhandel*«; vgl., *Gürtler/Thoma*, in: Göhler, OWiG, 18. Auflage. Aufl. (2021), § 17 OWiG, Rn. 18.

101 Eine entsprechende Pflicht gegenüber dem BKartA folgt zudem aus den Bußgeldleitlinien 2021, siehe hierzu, BKartA, Bußgeldleitlinien 2021 v. 11.10.2021, Ziff. 14, 1 und Anm. 3 zu Ziff. 14.

6. *Maßnahmen der Nachtat-Compliance*

Parallel zu § 81d Abs. 1 S. 2 Nr. 4 Alt. 2 GWB[102] ist im Rahmen des § 81d Abs. 1 S. 2 Nr. 5 Var. 3 GWB unklar, ob Maßnahmen der Nachtat-Compliance einen besonders zu berücksichtigenden Umstand bei der Zumessung der gegen den Rechtsträger einer Unternehmensvereinigung festzusetzenden Geldbuße darstellen. Zwar ist auch der Wortlaut des § 81d Abs. 1 S. 2 Nr. 5 Var. 3 GWB so offen formuliert, dass die Einrichtung von Vorkehrungen zur Vermeidung künftiger Verstöße zugunsten des Rechtsträgers der Unternehmensvereinigung einen besonders zu berücksichtigenden Umstand darstellen könnte. Allerdings spricht die Systematik zu § 81d Abs. 1 S. 2 Nr. 5 Var. 1, 2 GWB, die nur Unternehmen in Bezug nehmen, dafür, dass nur solche Maßnahmen von Unternehmen zu berücksichtigen sind. Andernfalls würde es zudem zu einer Ungleichbehandlung von Maßnahmen der Vor- und Nachtat-Compliance kommen. Wird angenommen, dass durch § 81d Abs. 1 S. 2 Nr. 4 Alt. 2 GWB nur unternehmerische Maßnahmen der Vortat-Compliance erfasst werden, ist nicht zu erklären, weshalb Vorkehrungen der Nachtat-Compliance *de lege lata* auch zugunsten des Rechtsträgers der Unternehmensvereinigung bußgeldmindernde Berücksichtigung finden müssen.

Infolgedessen ergibt sich aus § 81d Abs. 1 S. 2 Nr. 5 Var. 3 GWB keine Pflicht der Kartellbehörden oder der Gerichte, Maßnahmen der Nachtat-Compliance bei der Bemessung einer Geldbuße gegen den Rechtsträger einer Unternehmensvereinigung zu berücksichtigen. Entsprechend den Ausführungen zur Vortat-Compliance[103] kann ein solches Gebot auch nicht aus § 17 Abs. 3 S. 1 OWiG abgeleitet werden. Eine Pflicht zur Einbeziehung von wirksamen und angemessenen Maßnahmen der Nachtat-Compliance resultiert gegenüber dem Bundeskartellamt jedoch aus dessen Bußgeldleitlinien[104], die eine Selbstbindung der Behörde[105] begründen.

102 Siehe oben, III. 4.
103 Siehe oben, III. 4. a) bb).
104 BKartA, Bußgeldleitlinien 2021 v. 11.10.2021, Ziff. 14, 1 und Anm. 3 zu Ziff. 14.
105 Siehe oben, III. 4. a) cc).

7. Wirtschaftliche Verhältnisse

Die Höhe der festzusetzenden Geldbuße bestimmt sich als einzelfallbezogene Entscheidung des Weiteren nach den wirtschaftlichen Verhältnissen des Sanktionsadressaten.[106] Insoweit wird durch § 17 Abs. 3 S. 2 Hs. 1 OWiG normiert, dass im Rahmen der Zumessung auch die wirtschaftlichen Verhältnisse des Täters in Betracht kommen. Das bedeutet, dass durch § 17 Abs. 3 S. 2 Hs. 1 OWiG – sofern keine geringfügige Ordnungswidrigkeit im Sinne des § 17 Abs. 3 S. 2 Hs. 2 OWiG vorliegt – zumindest eine nachrangige Berücksichtigung der wirtschaftlichen Verhältnisse bei der Bußgeldzumessung vorgesehen ist.[107] § 81d Abs. 2 S. 1 GWB[108] regelt ergänzend, dass es bei der Zumessung einer Geldbuße im Sinne der §§ 81 ff. GWB auf die wirtschaftlichen Verhältnisse des Unternehmens (als wirtschaftliche Einheit[109]) oder der Unternehmensvereinigung ankommt.[110] Von den wirtschaftlichen Verhältnissen werden dahingehend sämtliche Umstände erfasst, die die Fähigkeit des Betroffenen, eine Geldbuße in einer bestimmten Höhe aufzubringen, beeinflussen.[111] Zweck des Zumessungskriteriums ist es, sicherzustellen, dass die Geldbuße nicht außer Verhältnis zur Leistungsfähigkeit des Sanktionsadressaten steht, gleichzeitig aber eine hinreichende Ahndungsempfindlichkeit sichergestellt wird.[112]

a) Grundsatz: Bußgeldmindernde Berücksichtigung der meist geringen finanziellen Mittel des Rechtsträgers einer Unternehmensvereinigung

Der Rechtsträger einer Unternehmensvereinigung wird in aller Regel nur über geringe finanzielle Mittel verfügen, da sich dessen Umsatz häufig auf

106 *Seitz/Riemer*, in: Berg/Mäsch, KartellR, 4. Aufl. (2022), § 81d GWB, Rn. 7.

107 BT, Entwurf eines Gesetzes über Ordnungswidrigkeiten v. 08.01.1967 – BT-Drs. V/1269, S. 51 f.

108 § 81d Abs. 2 S. 1 GWB entspricht der im Zuge der 9. GWB-Novelle eingeführten Regelung des § 81 Abs. 4a GWB a. F.

109 *Raum*, in: Bunte, Dt. KartellR, 14. Aufl. (2022), § 81d GWB, Rn. 23; zu § 81 Abs. 4a GWB a. F., *Meyer-Lindemann*, in: 9. GWB-Novelle (2017), Kap. 17, Rn. 92.

110 Vgl., *Raum*, in: Bunte, Dt. KartellR, 14. Aufl. (2022), § 81d GWB, Rn. 23; *Breuer/Friedrich*, in: Bien/Käseberg/Klumpe/Körber/Ost (2021), Kap. 3, Rn. 49.

111 *Heinichen*, in: BeckOK KartellR, 6. Ed., Stand: 01.10.2022, § 81d GWB, Rn. 17.

112 *Breuer/Friedrich*, in: Bien/Käseberg/Klumpe/Körber/Ost (2021), Kap. 3, Rn. 121 f.; s. auch, BT, Entwurf eines Gesetzes über Ordnungswidrigkeiten v. 08.01.1967 – BT-Drs. V/1269, S. 52.

die Mitgliedsbeiträge beschränken wird.[113] Wird durch § 17 Abs. 3 S. 2 Hs. 1 OWiG i. V. m. § 81d Abs. 2 S. 1 GWB die wirtschaftliche Leistungsfähigkeit der Unternehmensvereinigung als zu berücksichtigender Umstand im Rahmen der Bußgeldzumessung eingeordnet, könnte dies zur Folge haben, dass die Geldbuße relativ niedrig bemessen werden müsste. Das folgt daraus, dass aufgrund der wirtschaftlichen Verhältnisse des Rechtsträgers der Unternehmensvereinigung eine hinreichende Ahndungsempfindlichkeit bereits bei einer niedrig ausfallenden Sanktion sichergestellt ist, eine höhere Geldbuße dagegen nicht mehr mit der Leistungsfähigkeit des Sanktionsadressaten in Einklang zu bringen wäre.

b) Sanktionierung eines Verstoßes auf Grundlage des erweiterten Bußgeldrahmens gemäß § 81c Abs. 4 S. 1 GWB

Soll ein Verstoß gegen Art. 101 Abs. 1 Var. 2 AEUV sanktioniert werden, ist die Einbeziehung der wirtschaftlichen Verhältnisse des Rechtsträgers gemäß § 17 Abs. 3 S. 2 Hs. 1 OWiG i. V. m. § 81d Abs. 2 S. 1 GWB nach der Umsetzung der »ECN-Plus«-Richtlinie durch den Gesetzgeber zweifelhaft. Das gilt zumindest für den Fall, dass der erweiterte Bußgeldrahmen des § 81c Abs. 4 S. 1 GWB[114] anzusetzen und infolgedessen der Anwendungsbereich des § 81b GWB eröffnet ist.

aa) Drohender Widerspruch zu § 81c Abs. 4 S. 1 und § 81b GWB

Würde aufgrund der eingeschränkten wirtschaftlichen Leistungsfähigkeit eine bußgeldmindernde Berücksichtigung zugunsten des Rechtsträgers der Unternehmensvereinigung stattfinden, könnte dies im Widerspruch zu § 81c Abs. 4 S. 1 GWB stehen.

Die in § 81c Abs. 4 S. 1 GWB vorgesehene, am Umsatz der Mitgliedsunternehmen orientierte, Erweiterung des Bußgeldrahmens soll den Kartellbehörden und Gerichten gerade die Festsetzung einer hohen Geldbuße ermöglichen, die gegebenenfalls nach § 81b GWB durchzusetzen ist. Wird im Rahmen der Zumessung im engeren Sinne – entgegen § 81c Abs. 4 S. 1 GWB – auf die Umsätze der Unternehmensvereinigung abge-

113 Siehe oben, II. 1.
114 Siehe oben, II. 2.

stellt, könnte der erweiterte Bußgeldrahmen in aller Regel nur in geringem Maße ausgeschöpft werden. Insofern wäre § 81c Abs. 4 S. 1 GWB in seiner Funktion ausgehöhlt, wenn im Rahmen der Zumessung an die wirtschaftliche Leistungsfähigkeit des Rechtsträgers der Unternehmensvereinigung und folglich insbesondere an dessen Umsätze[115] angeknüpft wird. Ebenso könnte eine entsprechende Berücksichtigung in Konflikt zu dem durch Art. 14 Abs. 3, 4 »ECN-Plus«-Richtlinie vorgezeichneten[116] § 81b GWB stehen. Das dort normierte abgestufte Verfahren zur Durchsetzung einer Geldbuße[117] erlaubt nötigenfalls eine unmittelbare Inanspruchnahme der Rechtsträger konkretisierter Mitgliedsunternehmen gemäß § 81b Abs. 2 und Abs. 3 GWB, wenn der Rechtsträger der Unternehmensvereinigung aufgrund einer nach § 81c Abs. 4 S. 1 GWB festgesetzten Geldbuße[118] zahlungsunfähig ist und infolgedessen die Bußgeldforderung nicht begleichen kann. Wird allerdings von § 81b Abs. 1 GWB die objektive Zahlungsunfähigkeit des Rechtsträgers einer Unternehmensvereinigung im Sinne einer Zahlungsunfähigkeit gemäß § 17 Abs. 2 S. 1 InsO[119] vorausgesetzt, erfordert dies, dass eine solche überhaupt infolge der festgesetzten Geldbuße eintreten kann. Das wäre gerade nicht der Fall, wenn die Geldbuße im Rahmen der Zumessung aufgrund der niedrigen wirtschaftlichen Leistungsfähigkeit des Rechtsträgers einer Unternehmensvereinigung dergestalt zu mindern wäre, dass deren Höhe noch in Einklang mit den wirtschaftlichen Verhältnissen des Rechtsträgers steht. Das bedeutet, dass die Regelung des § 81b GWB in ihrer Anwendung davon abhängig ist, dass eine Bußgeldminderung im Sinne des § 17 Abs. 3 S. 2 Hs. 1 OWiG i. V. m. § 81d Abs. 2 S. 1 GWB, welche den

---

115 *Raum*, in: Bunte, Dt. KartellR, 14. Aufl. (2022), § 81d GWB, Rn. 23, der jedoch auf die Bedeutung der wirtschaftlichen Gesamtlage neben dem Umsatz hinweist.

116 BReg, Regierungsentwurf 10. GWB-Novelle v. 19.10.2020 – BT-Drs. 19/23492, S. 125.

117 Siehe hierzu etwa, *Breuer/Friedrich*, in: Bien/Käseberg/Klumpe/Körber/Ost (2021), Kap. 3, Rn. 153-159.

118 § 81b GWB soll gerade die Bezahlung einer nach § 81c Abs. 4 S. 1 GWB festgesetzten Geldbuße sicherstellen, BReg, Regierungsentwurf 10. GWB-Novelle v. 19.10.2020 – BT-Drs. 19/23492, S. 125.

119 So zu Art. 23 Abs. 4 VO 1/2003, *Feddersen*, in: G/H/N, 26. EL, Stand: März 2005, nach Art. 83 EGV Art. 23 VO 1/2003, Rn. 74; zustimmend, *Sura*, in: Bunte, EU KartellR, 14. Aufl. (2022), Art. 23 VO 1/2003, Rn. 15; im Grundsatz auch, *Engelsing/Schneider*, in: MüKo EU-WettbewerbsR, 3. Auflage. Aufl. (2020), Art. 23 VO 1/2003, Rn. 74; zu § 81b GWB, *Könen*, npoR 2022, S. 163, 164; a. A., *Raum*, in: Bunte, Dt. KartellR, 14. Aufl. (2022), § 81b GWB, Rn. 2, der bereits die dem Rechtsträger der Unternehmensvereinigung zurechenbare Erklärung über das Vorliegen einer Zahlungsunfähigkeit oder die bloße Nichtleistung für die Feststellung einer Zahlungsunfähigkeit im Sinne des § 81b Abs. 1 GWB genügen lässt.

Eintritt der Zahlungsunfähigkeit des Rechtsträgers der Unternehmensvereinigung vermeiden würde, ausbleibt.[120]

Daraus folgt, dass eine bußgeldmindernde Berücksichtigung der wirtschaftlich regelmäßig geringen Leistungsfähigkeit des Rechtsträgers der Unternehmensvereinigung gemäß § 17 Abs. 3 S. 2 Hs. 1 OWiG i. V. m. § 81d Abs. 2 S. 1 GWB dazu führen würde, dass die durch § 81c Abs. 4 S. 1 GWB angeordnete Erweiterung des Bußgeldrahmens konterkariert wird. Zudem würde § 81b GWB mangels Vorliegens einer objektiven Zahlungsunfähigkeit keinen Anwendungsbereich mehr haben.

bb) Damit einhergehender Widerspruch zu Art. 15 Abs. 2 und Art. 14 Abs. 3, 4 der »ECN-Plus«-Richtlinie

Zugleich besteht die Gefahr, dass die unionsrechtlichen Vorgaben des Art. 15 Abs. 2 und des Art. 14 Abs. 3, 4 »ECN-Plus«-Richtlinie durch die Anwendung des § 81d Abs. 2 GWB bei einer auf Grundlage des § 81c Abs. 4 GWB bemessenen Geldbuße missachtet werden. Durch eine Richtlinie werden die Mitgliedstaaten nämlich nicht nur zur gesetzlichen Überführung einer Regelung in das nationale Recht verpflichtet, vielmehr müssen die adressierten Mitgliedstaaten »[...] im Rahmen ihrer nationalen Rechtsordnung alle erforderlichen Maßnahmen [ergreifen], um die vollständige Wirksamkeit der Richtlinie entsprechend ihrer Zielsetzung zu gewährleisten«.[121]

Werden die sekundärrechtlich detailliert vorgezeichneten Regelungen des § 81c Abs. 4 S. 1 GWB und des § 81b GWB durch eine bußgeldmindernde Berücksichtigung der wirtschaftlichen Verhältnisse des Rechtsträgers einer Unternehmensvereinigung im Rahmen der Zumessung faktisch gegenstandslos, steht dies einer effektiven Durchführung[122] der Richtlinie entgegen. Vor diesem Hintergrund ist davon auszugehen, dass die Zielsetzung

120 Ähnlich, *Breuer/Friedrich*, in: Bien/Käseberg/Klumpe/Körber/Ost (2021), Kap. 3, Rn. 152.

121 EuGH, Urteil v. 10.04.1984 – Rs. 14/83, ECLI:EU:C:1984:153, Rn. 15 – »*von Colson und Kamann*«; EuGH, Urteil v. 10.04.1984 – Rs. 79/83, ECLI:EU:C:1984:155, Rn. 15 – »*Harz/Tradax*«; *Biervert*, in: Schwarze/Becker/Hatje/Schoo, EU-Kommentar, 4. Aufl. (2019), Art. 288 AEUV, Rn. 27; *Geismann*, in: von der Groeben/Schwarze/Hatje, Europäisches UnionsR, 7. Aufl. Aufl. (2015), Art. 288 AEUV, Rn. 42.

122 *W. Schroeder*, in: Streinz, EUV/AEUV, 3. Aufl. (2018), Art. 288 AEUV, Rn. 62.

der »ECN-Plus«-Richtlinie als zu erreichenden Rechtszustand[123] verlangt, dass im Anwendungsbereich der §§ 81c Abs. 4 S. 1, § 81b GWB eine Orientierung der konkreten Zumessung an der wirtschaftlichen Leistungsfähigkeit der Unternehmensvereinigung nicht in Betracht kommt.

cc) Auflösung des Spannungsverhältnisses mittels richtlinienkonformer Auslegung des § 17 Abs. 3 S. 2 Hs. 1 OWiG?

Dem Spannungsverhältnis zwischen §§ 81c Abs. 4 S. 1 GWB, 81b GWB und der Berücksichtigung der wirtschaftlichen Verhältnisse gemäß § 17 Abs. 3 S. 2 Hs. 1 OWiG i. V. m. § 81d Abs. 2 GWB kann gegebenenfalls durch die richtlinienkonforme Auslegung des § 17 Abs. 3 S. 2 Hs. 1 OWiG begegnet werden. Die richtlinienkonforme Auslegung kann die Erreichung des durch den Sekundärrechtsakt vorgezeichneten Rechtszustands unterstützen, wenn dessen Ziel allein durch die gesetzgeberische Richtlinienumsetzung nicht erreicht wird.[124] Mithilfe des Instruments der richtlinienkonformen Auslegung ist das nationale Recht durch die mitgliedstaatlichen Gerichte und Behörden[125] so auszulegen und anzuwenden, dass »[...] Friktionen mit der – in nationales Recht transformierten – Vorgabe der Richtlinie vermieden werden und so der Regelungsgehalt der Richtlinie im nationalen Rahmen nicht an anderen Stellen leerläuft«[126].

Der Bundesgerichtshof geht für das deutsche Recht davon aus, dass im Zuge der richtlinienkonformen Auslegung auch sämtliche Methoden der gesetzeskonformen Rechtsfortbildung des nationalen Rechts anzuwenden sind.[127] Im Rahmen einer richtlinienkonformen Auslegung scheint vor diesem Hintergrund eine teleologische Reduktion[128] des § 17 Abs. 3 S. 2 Hs. 1 OWiG zur Sicherstellung des durch die Richtlinie definierten

123 *W. Schroeder*, in: Streinz, EUV/AEUV, 3. Aufl. (2018), Art. 288 AEUV, Rn. 61; ähnlich, *Geismann*, in: von der Groeben/Schwarze/Hatje, Europäisches UnionsR, 7. Aufl. Aufl. (2015), Art. 288 AEUV, Rn. 41.

124 *Ehricke*, EuZW 1999, S. 553, 554.

125 Etwa, *Gundel*, in: FK EUV/GRC/AEUV (2017), Art. 288 AEUV, Rn. 62.

126 *Ehricke*, EuZW 1999, S. 553, 554.

127 BGH, Urteil v. 26.11.2008 – VIII ZR 200/05, NJW 2009, 427, 428 f.; so auch, *Ruffert*, in: Calliess/Ruffert, EUV/AEUV, 6. Auflage. Aufl. (2022), Art. 288 AEUV, Rn. 78; *Nettesheim*, in: G/H/N, 76. EL, Stand: Mai 2022, Art. 288 AEUV, Rn. 134; krit., *Ehricke*, ZIP 2004, S. 1025, 1029 f.

128 Siehe etwa, *F. Bydlinski/P. Bydlinski*, Grundzüge der juristischen Methodenlehre (2018), S. 95 ff.

Rechtszustands möglich. Allerdings ist eine richtlinienkonforme Auslegung nach der Rechtsprechung des Europäischen Gerichtshofs nur insoweit geboten, wie ein entsprechender Beurteilungsspielraum durch das nationale Recht überhaupt eingeräumt wird.[129] Insofern sind die innerstaatlichen Grenzen der Auslegung zu beachten; das Gebot der richtlinienkonformen Auslegung darf gerade nicht zu einer Auslegung contra legem führen.[130] Für das deutsche Recht folgt daraus, dass der richtlinienkonformen Auslegung durch Art. 20 Abs. 3 GG eine Grenze gesetzt ist, wenn neben dem eindeutigen Wortlaut auch der klar erkennbare gesetzgeberische Wille der richtlinienkonformen Auslegung entgegensteht.[131] Der nationale Richter darf sich insoweit nicht in die Rolle des Gesetzgebers versetzen.[132]

Der Wortlaut des § 17 Abs. 3 S. 2 Hs. 1 OWiG besagt ausdrücklich, dass die wirtschaftlichen Verhältnisse des Sanktionsadressaten bei der Zumessung in Betracht kommen. Eine Auslegung, dass die wirtschaftlichen Verhältnisse im Falle des § 81c Abs. 4 S. 1 GWB allgemein nicht zu berücksichtigen sind, steht dem entgegen. Ferner ist nach der Begründung des Regierungsentwurfs zum Gesetz über Ordnungswidrigkeiten die Leistungsfähigkeit des Täters bei der Zumessung der Geldbuße zu berücksichtigen, wenn nach der Bedeutung der Tat eine hohe Geldbuße in Betracht kommt.[133] Somit muss die abschreckende Wirkung der Geldbuße danach beurteilt werden, wie empfindlich die Sanktion den Täter trifft.[134] Hieraus ergibt sich die eindeutige gesetzgeberische Regelungsabsicht, dass die wirtschaftlichen Verhältnisse – zumindest bei hohen Geldbußen – zu berücksichtigen sind.

Infolgedessen steht der Wortlaut und der gesetzgeberische Wille einer teleologischen Reduktion des § 17 Abs. 3 S. 2 Hs. 1 OWiG entgegen. Das hat zur Konsequenz, dass eine richtlinienkonforme Auslegung in Form einer teleologischen Reduktion des § 17 Abs. 3 S. 2 Hs. 1 OWiG, dergestalt, dass

129 EuGH, Urteil v. 04.02.1988 – Rs. 157/86, ECLI:EU:C:1988:62, Rn. 11 – »*Murphy*«.

130 EuGH, Urteil v. 04.07.2006 – C-212/04, ECLI:EU:C:2006:443, Rn. 110 – »*Adeneler*«; EuGH, Urteil v. 15.04.2008 – C-268/06, ECLI:EU:C:2008:223, Rn. 100 – »*Impact*«.

131 BGH, Vorlagebeschluss v. 16.08.2006 – VIII ZR 200/05, NJW 2006, 3200, 3201; BAG, Urteil v. 23.03.2006 – 2 AZR, NJW 2006, 3161, 3164; *Ehricke*, ZIP 2004, S. 1025, 1029; *Brechmann*, Die richtlinienkonforme Auslegung (1994), S. 267 f., 272 f., der die besondere Bedeutung des gesetzgeberischen Willens darlegt.

132 *Pötters/Christensen*, JZ 2011, S. 387, 391, 394.

133 BT, Entwurf eines Gesetzes über Ordnungswidrigkeiten v. 08.01.1967 – BT-Drs. V/1269, S. 52.

134 BT, Entwurf eines Gesetzes über Ordnungswidrigkeiten v. 08.01.1967 – BT-Drs. V/1269, S. 52.

die wirtschaftlichen Verhältnisse des Sanktionsadressaten im Falle des § 81c Abs. 4 S. 1 GWB nicht zu berücksichtigen sind, ausscheidet.

dd) Auflösung des Spannungsverhältnisses durch den Gesetzgeber?

Um die effektive Durchführung der Richtlinie sicherzustellen, könnte eine Ausnahmeregelung zu § 17 Abs. 3 S. 2 Hs. 1 OWiG in § 81d Abs. 2 GWB für den Fall der Bemessung einer Geldbuße auf Grundlage des § 81c Abs. 4 S. 1 GWB durch den Gesetzgeber geschaffen werden.

Eine solche Regelung stünde allerdings möglicherweise in Konflikt mit den verfassungsrechtlichen Vorgaben. Insofern ist unsicher, inwieweit eine gesetzliche Anordnung der Nichtberücksichtigung der wirtschaftlichen Verhältnisse mit dem Verhältnismäßigkeitsgrundsatz als Übermaßverbot[135] in Einklang zu bringen wäre. Die Nichtberücksichtigung der wirtschaftlichen Verhältnisse der Unternehmensvereinigung unter Heranziehung des erweiterten Bußgeldrahmens nach § 81c Abs. 4 S. 1 GWB wird nämlich regelmäßig zur Folge haben, dass die Leistungsfähigkeit des Rechtsträgers der Unternehmensvereinigung überschritten[136] und der Rechtsträger infolgedessen in seiner Existenz gefährdet wird. Die Festsetzung einer Geldbuße, welche die Leistungsfähigkeit des Sanktionsadressaten übersteigt und dessen Insolvenz herbeiführt, ist jedoch mit dem Verhältnismäßigkeitsgrundsatz unvereinbar[137] und folglich rechtswidrig.[138] Wird durch den Gesetzgeber für die Zumessung der Geldbuße angeordnet, dass die wirtschaftlichen Verhältnisse des Rechtsträgers der Unternehmensvereinigung nicht berücksichtigungsfähig sind, hat dies im Anwendungsfall die Festsetzung

---

135 Etwa, *Voßkuhle*, JuS 2007, S. 429; *Sachs*, in: Sachs, GG, 9. Aufl. (2021), Art. 20 GG, Rn. 145 m. w. N.

136 Vgl. hierzu den Normzweck des § 81b GWB, BReg, Regierungsentwurf 10. GWB-Novelle v. 19.10.2020 – BT-Drs. 19/23492, S. 125.

137 *Heinichen*, in: BeckOK KartellR, 6. Ed., Stand: 01.10.2022, § 81d GWB, Rn. 52; *Achenbach*, WuW 1997, S. 393, 402; ähnlich, *Meyer-Lindemann*, in: L/M/R/K/M, KartellR, 4. Aufl. (2020), § 81 GWB, Rn. 178; krit., *Palzer*, NZI 2012, S. 67, 71 f.

138 *Raum*, in: Bunte, Dt. KartellR, 14. Aufl. (2022), § 81d GWB, Rn. 7; *Klusmann*, in: Wiedemann, Hdb KartellR, 4. Aufl. (2020), § 57, Rn. 113; *Biermann*, in: Immenga/Mestmäcker, GWB, 6. Aufl. (2020), § 81 GWB, Rn. 532; vgl. allgemein zur Unverhältnismäßigkeit einer über die Leistungsfähigkeit des Sanktionsadressaten hinausgehenden Geldbuße, OLG Karlsruhe, Beschluss v. 13.10.2006 – 1 Ss 82/06, NJW 2007, 166; OLG Köln, Beschluss v. 31.10.2005 – 83 Ss OWi 44/05, BeckRS 2005, 13444; *Gassner*, in: Gassner/Seith, OWiG, 2. Auflage. Aufl. (2020), § 17 OWiG, Rn. 15.

einer unverhältnismäßig hohen Geldbuße zur Folge, sodass die gesetzliche Anordnung selbst in Konflikt mit dem Verhältnismäßigkeitsgrundsatz steht. Allerdings wird der einzelne Mitgliedstaat durch eine Richtlinie verpflichtet, den Sekundärrechtsakt auch dann vollständig umzusetzen, das heißt, effektiv durchzuführen, wenn dem konkreten Umsetzungsbefehl nationales Verfassungsrecht entgegensteht.[139] Das bedeutet, dass der mitgliedstaatliche Gesetzgeber die Umsetzung nicht mit Verweis auf innerstaatliches (Verfassungs-)Recht verweigern kann.

Folglich ist der deutsche Gesetzgeber dazu verpflichtet, die effektive Durchführung der § 81c Abs. 4 S. 1 GWB und § 81b GWB dadurch sicherzustellen, dass in deren Anwendungsbereich eine Berücksichtigung der wirtschaftlichen Verhältnisse des Rechtsträgers der Unternehmensvereinigung nicht stattfindet, auch wenn dies mit dem verfassungsrechtlichen Verhältnismäßigkeitsgrundsatz konfligiert.

c) Zusammenfassung

Nach derzeitigem Recht sind die wirtschaftlichen Verhältnisse des Rechtsträgers einer Unternehmensvereinigung infolgedessen bußgeldmindernd zu berücksichtigen. Allerdings ist der Gesetzgeber gehalten, eine entsprechende Ausnahmeregelung für den Anwendungsbereich der §§ 81c Abs. 4 S. 1, 81b GWB zu normieren, um seiner Pflicht aus der »ECN-Plus«-Richtlinie nachzukommen.

139 EuGH, Urteil v. 06.05.1980 – Rs. 102/79, ECLI:EU:C:1980:120, Rn. 15 – »*Kommission/Belgien*«; EuGH, Urteil v. 11.04.1978 – Rs. 100/77, ECLI:EU:C:1978:78, Rn. 21/22 – »*Messgeräte*«.

IV. Ergebnis

Anhand der Zumessung einer Geldbuße gegenüber dem Rechtsträger der Unternehmensvereinigung wurde gezeigt, dass die im Zuge der 10. GWB-Novelle geänderten Regelungen weitreichende Anwendungsprobleme aufwerfen.

Diese Probleme ergeben sich zunächst daraus, dass der Gesetzgeber in Umsetzung der Vorgaben der »ECN-Plus«-Richtlinie spezielle Regelungen zur Sanktionierung des Rechtsträgers der Unternehmensvereinigung eingeführt hat, die sich allerdings nur schwer in die wettbewerbsrechtlichen Bußgeldregeln der §§ 81 ff. GWB einfügen. Insofern werden mögliche Friktionen insbesondere mit Blick auf § 81c Abs. 4 GWB augenscheinlich. Wird eine Geldbuße gemäß § 81c Abs. 4 GWB festgesetzt, ist problematisch, wie sichergestellt werden kann, dass die Heranziehung des erweiterten Bußgeldrahmens bei der Anwendung der in § 81d Abs. 1, 2 GWB normierten Zumessungskriterien nicht konterkariert wird. Dahingehend würde beispielsweise die Wirksamkeit der Anwendung des § 81c Abs. 4 GWB in Frage gestellt, wenn es für die Ermittlung des Ausmaßes einer Zuwiderhandlung im Sinne des § 81d Abs. 1 S. 2 Nr. 1 Alt. 2 GWB allein auf die Umsätze der Vereinigung ankäme. Um einen Gleichlauf zwischen § 81c Abs. 4 GWB und der Anwendung des § 81d Abs. 1 S. 2 Nr. 1 Alt. 2 GWB zu gewährleisten, kann allerdings der offene Wortlaut des § 81d Abs. 1 S. 2 Nr. 1 Alt. 2 GWB so verstanden werden, dass nicht die Umsätze der Vereinigung, sondern jene der Vereinigungsmitglieder maßgeblich sind. Kritischer zu beurteilen ist die fehlende gesetzgeberische Abstimmung zwischen § 81c Abs. 4 GWB und § 17 Abs. 3 S. 2 Hs. 1 OWiG i. V. m. § 81d Abs. 2 GWB. Die durch § 81c Abs. 4 GWB ermöglichte Orientierung an den Umsätzen der Mitgliedsunternehmen steht im Widerspruch zur gesetzlichen Vorgabe der § 17 Abs. 3 S. 2 Hs. 1 OWiG i. V. m. § 81d Abs. 2 GWB, wonach die wirtschaftlichen Verhältnisse des Rechtsträgers der Unternehmensvereinigung für die Zumessung der Geldbuße maßgebend sind. Dieser Widerspruch, welcher nicht durch eine richtlinienkonforme Auslegung der § 17 Abs. 3 S. 2 Hs. 1 OWiG i. V. m. § 81d Abs. 2 GWB aufgelöst werden kann, führt dazu, dass *de lege lata* die wirtschaftlichen Verhältnisse des Rechtsträgers der Unternehmensvereinigung auch dann im Rahmen der Zumessung im engeren Sinne berücksichtigt werden müssen, wenn eine Geldbuße auf Grundlage des § 81c Abs. 4 GWB festgesetzt werden soll. Das hat zur Folge, dass der zur Umsetzung des Art. 15 Abs. 2 »ECN-Plus«-Richtlinie geschaffene § 81c Abs. 4 GWB nicht wirksam angewandt werden kann. Insoweit setzt die effektive Durchführung des Umsetzungsbefehls der »ECN-Plus«-Richtlinie voraus, dass der Gesetzgeber das Spannungsverhältnis zwischen § 81c Abs. 4 GWB und § 17 Abs. 3 S. 2 Hs. 1 OWiG i. V. m. § 81d Abs. 2 GWB legislatorisch auflöst.

Des Weiteren ergeben sich im Rahmen der Zumessung einer Geldbuße gegenüber dem Rechtsträger der Unternehmensvereinigung Anwendungsprobleme daraus, dass einzelne Zumessungskriterien auf die Bußgeldbemessung gegenüber einem Unternehmensträger zugeschnitten sind. Der Zuschnitt des § 81d Abs. 1 S. 2 Nr. 4 Alt. 1 GWB, welcher nur vorausgegangene Zuwiderhandlungen von Unternehmen erfasst, schließt eine Anwendung der Norm bei der Sanktionierung des Rechtsträgers einer Unternehmensvereinigung aus. Allerdings ergibt sich unter Rückgriff auf § 17 Abs. 3 S. 1 OWiG, dass die Berücksichtigung des Vorliegens einer Wiederholungstat auch bei der Zumessung einer Geldbuße gegenüber dem Rechtsträger einer Unternehmensvereinigung geboten ist. Eine bußgeldmindernde Berücksichtigung von Maßnahmen der Vortat- und Nachtat-Compliance gemäß § 81c Abs. 1 S. 2 Nr. 4 Alt. 2 und Nr. 5 Var. 3 GWB ist – wie sich aus der Binnensystematik und der Gesetzesbegründung ergibt – nur bei der Sanktionierung eines Unternehmensträgers möglich. Da der Gesetzgeber dieses Zumessungskriterium erstmals und speziell im wettbewerbsrechtlichen Bußgeldrecht geschaffen hat, ist eine entsprechende Berücksichtigung von Compliance-Maßnahmen des Rechtsträgers der Unternehmensvereinigung *de lege lata* nicht geboten. Ein entsprechendes Gebot gegenüber dem Bundeskartellamt ergibt sich allerdings aus den Bußgeldleitlinien 2021, welche eine Selbstbindung der Kartellbehörde begründen. Die Zumessungskriterien des § 81d Abs. 1 S. 2 Nr. 5 Var. 1, 2 GWB ermöglichen aufgrund des engen Wortlauts ebenfalls nur eine bußgeldmindernde Berücksichtigung eines entsprechenden Nachtatverhaltens eines Unternehmens. Diese Beschränkung der Anwendbarkeit der Zumessungskriterien ist in Hinblick auf die Berücksichtigung des Bemühens einer Schadenswiedergutmachung sachlich gerechtfertigt, da der Beschluss einer Unternehmensvereinigung mangels Marktteilnahme der Vereinigung allenfalls mitursächlich für die Schadensentstehung ist und eine Wiedergutmachung des Schadens in aller Regel aufgrund fehlender finanzieller Mittel des Rechtsträgers der Vereinigung ausscheiden dürfte. Anderes gilt für die Berücksichtigung von Aufdeckungsbemühungen im Rahmen der Bußgeldzumessung. Zur Honorierung der Mitwirkung des Täters bei der Aufklärung ist es gemäß § 17 Abs. 3 S. 1 OWiG geboten, ein entsprechendes Nachtatverhalten auch im Falle der Sanktionierung des Rechtsträgers einer Unternehmensvereinigung zu berücksichtigen. Aufgrund der dargelegten Unklarheiten bei der Anwendung des § 81d Abs. 1 S. 1 GWB und aufgrund der von § 81d Abs. 1 S. 2 GWB teils inhaltlich abweichenden Bußgeldleitlinien 2021 des Bundeskartellamtes, ist die Erreichung des gesetzgeberischen Zwecks, die Einheitlichkeit der Bußgeldzumessung sicherzustellen, gefährdet.

Infolge der unzulänglichen Einbettung der durch die »ECN-Plus«-Richtlinie geforderten speziellen Regelungen zur Sanktionierung des Rechtsträgers einer Unternehmensvereinigung, der damit einhergehenden fehlenden effektiven Durchführung des sekundärrechtlichen Umsetzungsbefehls, der dargelegten Schwierigkeiten in Hinblick auf die Anwendung der in § 81d Abs. 1 S. 2 GWB normierten Zumessungskriterien bei der Sanktionierung des Rechtsträgers einer Unternehmensvereinigung und der Gefährdung der Erreichung des mit § 81d Abs. 1 S. 2 GWB verfolgten gesetzgeberischen Zwecks, sind Wissenschaft und Praxis aufgefordert, die künftige Entwicklung kritisch zu begleiten.

Literaturverzeichnis

Achenbach, Hans, Bußgeldverhängung bei Kartellordnungswidrigkeiten nach dem Ende der fortgesetzten Handlung, WuW 1997, S. 393–404

Achenbach, Hans, Das Gesicht des deutschen Kartellordnungswidrigkeitenrechts nach dem »GWB-Digitalisierungsgesetz« vom Januar 2021, wistra 2021, S. 129–135

Achenbach, Hans, Verbandsgeldbuße und Aufsichtspflichtverletzung (§§ 30 und 130 OWiG) – Grundlagen und aktuelle Probleme, NZWiSt 2012, S. 321–328

Achenbach, Hans/Ransiek, Andreas/Rönnau, Thomas (Hrsg.), Handbuch Wirtschaftsstrafrecht, 5. Auflage, Heidelberg 2019 (zitiert als: *Bearbeiter*, in: A/R/R, WirtschaftsstrafR)

Bach, Albrecht/Klumpp, Ulrich, Nach oben offene Bußgeldskala – erstmals Bußgeldleitlinien des Bundeskartellamts, NJW 2006, S. 3524–3529

Bacher, Klaus/Hempel, Rolf/Wagner-von Papp, Florian (Hrsg.), Beck'scher Online-Kommentar Kartellrecht, 6. Ed., Stand: 01.10.2022, München (zitiert als: *Bearbeiter*, in: BeckOK KartellR)

Bechtold, Rainer/Bosch, Wolfgang (Hrsg.), Gesetz gegen Wettbewerbsbeschränkungen (§§ 1-96, 185, 186), Kommentar, 10. Auflage, München 2021 (zitiert als: *Bechtold/Bosch*, GWB)

Berg, Werner/Mäsch, Gerald (Hrsg.), Deutsches und Europäisches Kartellrecht, 4. Auflage, Köln 2022 (zitiert als: *Bearbeiter*, in: Berg/Mäsch, KartellR)

Berndt, Markus/Theile, Hans, Unternehmensstrafrecht und Unternehmensverteidigung, Heidelberg 2016 (zitiert als: *Bearbeiter*, in: Berndt/Theile, UnternehmensstrafR)

Bien, Florian/Käseberg, Thorsten/Klumpe, Gerhard/Körber, Thorsten/Ost, Konrad (Hrsg.), Die 10. GWB-Novelle, Das neue Kartellrecht, München 2021 (zitiert als: *Bearbeiter*, in: Bien/Käseberg/Klumpe/Körber/Ost)

Bosch, Wolfgang/Colbus, Birgit/Harbusch, Antonia, Berücksichtigung von Compliance-Programmen in Kartellbußgeldverfahren, WuW 2009, S. 740–749

Brechmann, Winfried, Die richtlinienkonforme Auslegung, Zugleich ein Beitrag zur Dogmatik der EG-Richtlinie, München 1994 (zitiert als: *Brechmann*, Richtlinienkonforme Auslegung)

Brouwer, Tobias, Compliance im Wirtschaftsverband, CCZ 2009, S. 161–168

Bunte, Hermann-Josef (Hrsg.), Kommentar zum deutschen und europäischen Kartellrecht, Deutsches Kartellrecht, Bd. 1, 14. Auflage, Hürth 2022 (zitiert als: *Bearbeiter*, in: Bunte, Dt. KartellR)

Bunte, Hermann-Josef (Hrsg.), Kommentar zum deutschen und europäischen Kartellrecht, Europäisches Kartellrecht, Bd. 2, 14. Auflage, Hürth 2022 (zitiert als: *Bearbeiter*, in: Bunte, EU KartellR)

Bunte, Hermann-Josef/Stancke, Fabian, Kartellrecht mit Vergaberecht und Beihilfenrecht, Lehrbuch für Studium und Praxis, 4. Auflage, München 2022 (zitiert als: *Bunte/Stancke,* Kartellrecht)

Busche, Jan/Röhling, Andreas (Hrsg.), Kölner Kommentar zum Kartellrecht, Bd. 3, Köln 2016 (zitiert als: *Bearbeiter*, in: KK zum KartellR)

Bydlinski, Franz/Bydlinski, Peter, Grundzüge der juristischen Methodenlehre, 3. Auflage, Stuttgart 2018 (zitiert als: *Bydlinski/Bydlinski,* Methodenlehre)

Calliess, Christian/Ruffert, Matthias (Hrsg.), EUV/AEUV, Das Verfassungsrecht der Europäischen Union mit Europäischer Grundrechtecharta, Kommentar, 6. Auflage, München 2022 (zitiert als: *Bearbeiter*, in: Calliess/Ruffert, EUV/AEUV)

Ehricke, Ulrich, Die Einbeziehung des Immobilienkaufs in die Folgen eines Widerrufs des Darlehensgeschäfts nach der Richtlinie 85/577/EWG, Klarstellungen aus europarechtlicher Sicht zur Vorlage des LG Bochum an den EuGH v. 29.7.2003, ZIP 2004, S. 1025–1034

Ehricke, Ulrich, Die richtlinienkonforme Auslegung nationalen Rechts vor Ende der Umsetzungsfrist einer Richtlinie, EuZW 1999, S. 553–559

Gassner, Kathi/Seith, Sebastian (Hrsg.), Ordnungswidrigkeitengesetz, Handkommentar, 2. Auflage, Baden-Baden 2020 (zitiert als: *Bearbeiter*, in: Gassner/Seith, OWiG)

Giese, Peter/Heinichen, Christian/Janssen, Maximilian/Klumpp, Ulrich/Schelzke, Ricarda/Steinle, Christian, Kartellbußgeldrecht in der 10. GWB-Novelle – Teil 1, NZKart 2020, S. 562–568

Göhler, Erich (Begr.)/*Bauer, Martin/Thoma, Anselm* (Hrsg.), Gesetz über Ordnungswidrigkeiten, Kommentar, 18. Auflage, München 2021 (zitiert als: *Bearbeiter*, in: Göhler, OWiG)

Grabitz, Eberhard (Begr.)/*Hilf, Meinhard* (ehem. Hrsg.)/*Nettesheim, Martin* (Hrsg.), Das Recht der Europäischen Union, 40. EL, Stand: Oktober 2009, München (zitiert als: *Bearbeiter*, in: G/H/N)

Grabitz, Eberhard (Begr.)/*Hilf, Meinhard* (ehem. Hrsg.)/*Nettesheim, Martin* (Hrsg.), Das Recht der Europäischen Union, Bd. 3, 75. EL, Stand: Januar 2022, München (zitiert als: *Bearbeiter*, in: G/H/N)

Groeben, Hans von der (Begr.)/*Schwarze, Jürgen/Hatje, Armin* (Hrsg.), Europäisches Unionsrecht, Vertrag über die Europäische Union – Vertrag über die Arbeitsweise der Europäischen Union – Charta der Grundrechte der Europäischen Union, Bd. 4, 7. Auflage, Baden-Baden 2015 (zitiert als: *Bearbeiter*, in: von der Groeben/Schwarze/Hatje, Europäisches UnionsR)

Haus, Florian C./Rundel, Lukas, Neue Missbrauchsaufsicht für digitale Ökosysteme, RDi 2022, S. 125–132

Heinichen, Christian, Neue kartellrechtliche Bußgeld- und Kronzeugen-Leitlinien 2021, DB 2021, S. 2685–2686

Hobe, Stephan/Fremuth, Michael Lysander, Europarecht, München 2020 (zitiert als: *Hobe/Fremuth,* Europarecht)

Holle, Maximilian Philipp, Compliance-Bemühungen im Rahmen der Bußgeldzumessung nach der 10. GWB-Novelle, ZWeR 2020, S. 351–364

Immenga, Ulrich/Mestmäcker, Ernst-Joachim (Begr.)/*Körber, Thorsten/Schweitzer, Heike/Zimmer, Daniel* (Hrsg.), Wettbewerbsrecht, Kommentar zum Europäischen Kartellrecht, Bd. 1, 6. Auflage, München 2019 (zitiert als: *Bearbeiter*, in: Immenga/Mestmäcker, EU KartellR)

Immenga, Ulrich/Mestmäcker, Ernst-Joachim (Begr.)/*Körber, Thorsten/Schweitzer, Heike/Zimmer, Daniel* (Hrsg.), GWB, Kommentar zum Deutschen Kartellrecht, Bd. 2, 6. Auflage, München 2020 (zitiert als: *Bearbeiter*, in: Immenga/Mestmäcker, GWB)

Jaeger, Wolfgang/Kokott, Juliane/Pohlmann, Petra/Schroeder, Dirk/Seeliger, Daniela (Hrsg.), Frankfurter Kommentar zum Kartellrecht, 103. EL, Stand: 09.2022, Köln (zitiert als: *Bearbeiter*, in: FK KartellR)

Jones, Alison/Sufrin, Brenda/Dunne, Niamh, Jones and Sufrin's EU Competition Law, Text, Cases, and Materials, 7. Auflage, New York 2019 (zitiert als: *Jones/Sufrin/Dunne*, EU Competition Law)

Kahlenberg, Harald/Rahlmeyer, Dietmar/Giese, Peter, Die 10. GWB-Novelle (GWB-Digitalisierungsgesetz) – Der Regierungsentwurf, BB 2020, S. 2691–2701

Kamann, Hans-Georg/Ohlhoff, Stefan/Völcker, Sven (Hrsg.), Handbuch Kartellverfahren und Kartellprozess, München 2017 (zitiert als: *Bearbeiter*, in: Kamann/Ohlhoff/Völcker)

Kapp, Thomas/Hummel, Karin, Kartellrechts-Compliance in der Verbandsarbeit, CCZ 2013, S. 240–247

Kersting, Christian/Podszun, Rupprecht (Hrsg.), Die 9. GWB-Novelle, München 2017 (zitiert als: *Bearbeiter*, in: 9. GWB-Novelle)

Kling, Michael/Thomas, Stefan, Kartellrecht, 2. Auflage, München 2016 (zitiert als: *Kling/Thomas*, Kartellrecht)

Könen, Daniel, (Wirtschafts-)Verbandsarbeit und Kartellrecht nach der 10. GWB-Novelle, npoR 2022, S. 163–168

König, Carsten, Sinn und Unsinn der Compliance-Defense, in: Joost, Detlev/Oetker, Hartmut/Paschke, Marian (Hrsg.), Selbstverantwortete Freiheit und Recht, Festschrift für Franz Jürgen Säcker zum 80. Geburtstag, München 2021, S. 263–274 (zitiert als: *König*, in: FS Säcker)

Körber, Thorsten, »Digitalisierung« der Missbrauchsaufsicht durch die 10. GWB-Novelle, Macht im Netz IV: Maßvolle Antwort oder übertriebene Regulierung der Digitalwirtschaft?, MMR 2020, S. 290–295

Krebs, Peter/Eufinger, Alexander/Jung, Stefanie, Bußgeldminderung durch Compliance-Programme im deutschen Kartellbußgeldverfahren?, CCZ 2011, S. 213–217

Loewenheim, Ulrich/Meessen, Karl Matthias/Riesenkampff, Alexander/Kersting, Christian/Meyer-Lindemann, Hans Jürgen (Hrsg.), Kartellrecht, Kommentar zum Deutschen und Europäischen Recht, 4. Auflage, München 2020 (zitiert als: *Bearbeiter*, in: L/M/R/K/M, KartellR)

Mäger, Thorsten/Budde, Stefanie, Der RefE für die 10. GWB-Novelle: ein Spagat zwischen EU-Rechtsangleichung und deutschem Sonderweg, DB 2020, S. 378–386

Meyer-Lindemann, Hans Jürgen, Bußgeldsachen: Die stille Revolution im Windschatten der Digitalisierungsnovelle, WuW 2020, S. 16–22

Mitsch, Wolfgang (Hrsg.), Karlsruher Kommentar zum Gesetz über Ordnungswidrigkeiten, 5. Auflage, München 2018 (zitiert als: *Bearbeiter*, in: KK OWiG)

Moosmayer, Klaus, Compliance, Praxisleitfaden für Unternehmen, 4. Auflage, München 2021 (zitiert als: *Moosmayer*, Compliance)

Mühlhoff, Uwe, Lieber der Spatz in der Hand... oder: Nach der Novelle ist vor der Novelle! Zu den wesentlichen Änderungen des allgemeinen Ordnungswidrigkeitenrechts und des Kartellordnungswidrigkeitenrechts durch die 8. GWB-Novelle, NZWiSt 2013, S. 321–332

Nagel, Stephan Manuel/Hillmer, Katharina, Die 10. GWB-Novelle – Änderungen im Verfahrens-, Bußgeld-, Schadensersatz- und Fusionskontrollrecht, DB 2021, S. 494–499

Odudu, Okeoghene, Economic Activity as a Limit to Community Law, in: Barnard, Cahterine/Odudu, Okeoghene (Hrsg.), The Outer Limits of European Union Law, Oxford and Portland, Oregon 2009, S. 225–243 (zitiert als: *Odudu*, in: Outer Limits of EU Law)

Odudu, Okeoghene, The Boundaries of EC Competition Law, The Scope of Article 81, Oxford 2006 (zitiert als: *Odudu*, Boundaries of EC Competition Law)

Palzer, Christoph, Kartellbußen als Insolvenzauslöser – Oder: Was tun, wenn's brennt?, NZI 2012, S. 67–72

Pechstein, Matthias/Nowak, Carsten/Häde, Ulrich (Hrsg.), Frankfurter Kommentar zu EUV, GRC und AEUV, Bd. 4, Tübingen 2017 (zitiert als: *Bearbeiter*, in: FK EUV/GRC/AEUV)

Polley, Romina/Kaup, Rieke, Paradigmenwechsel in der deutschen Missbrauchsaufsicht – Der Referentenentwurf zur 10. GWB-Novelle, NZKart 2020, S. 113–119

Pötters, Stephan/Christensen, Ralph, Richtlinienkonforme Rechtsfortbildung und Wortlautgrenze, JZ 2011, S. 387–394

Ritz, Christian/Weiß, Benedikt, »Wind of Change« – Warum die kartellrechtliche Compliance-Defense weiter an Bedeutung gewinnt, NZKart 2020, S. 364–370

Sachs, Michael (Hrsg.), Grundgesetz, Kommentar, 9. Auflage, München 2021 (zitiert als: *Bearbeiter*, in: Sachs, GG)

Säcker, Franz Jürgen/Meier-Beck, Peter (Hrsg.), Münchener Kommentar zum Wettbewerbsrecht, GWB, Bd. 2, 3. Auflage, München 2020 (zitiert als: *Bearbeiter*, in: MüKo WettbewerbsR, GWB)

Säcker, Franz Jürgen/Meier-Beck, Peter/Bien, Florian/Montag, Frank (Hrsg.), Münchener Kommentar zum Wettbewerbsrecht, EU-Wettbewerbsrecht, Bd. 1, 3. Auflage, München 2020 (zitiert als: *Bearbeiter*, in: MüKo EU-WettbewerbsR)

Schreitter, Florian von/*Wünschmann, Christoph*, Same, Same, but different, Die neuen Kronzeugen- und Bußgeldleitlinien des Bundeskartellamtes – Teil 2, NZKart 2022, S. 4–9

Schröter, Helmuth/Jakob, Thinam/Klotz, Robert/Mederer, Wolfgang (Hrsg.), Europäisches Wettbewerbsrecht, Großkommentar, 2. Auflage, Baden-Baden 2014 (zitiert als: *Bearbeiter*, in: S/J/K/M, EU WettbewerbsR)

Schulte, Josef Lothar/Just, Christoph (Hrsg.), Kartellrecht, GWB, Kartellvergaberecht, EU-Kartellrecht, Kommentar, 2. Auflage, Köln 2016 (zitiert als: *Bearbeiter*, in: Schulte/Just, KartellR)

Schwarze, Jürgen/Becker, Ulrich/Hatje, Armin/Schoo, Johann (Hrsg.), EU-Kommentar, 4. Auflage, Baden-Baden 2019 (zitiert als: *Bearbeiter*, in: Schwarze/Becker/Hatje/Schoo, EU-Kommentar)

Seeliger, Daniela/Gürer, Kaan, Plädoyer für eine weite Compliance-Defence in § 81d GWB-E im Rahmen der 10. GWB-Novelle, WuW 2020, S. 634–636

Stammwitz, Laura, Kehrtwende: 10. GWB-Novelle erkennt »Compliance-Defence« im Kartellbußgeldrecht an, CB 2021, S. 191–196

Steinberg, Philipp Marc/Wirtz, Markus, Der Referentenentwurf zur 10. GWB-Novelle – Ein Dialog zwischen dem BMWi und der anwaltlichen Praxis (Teil 2), WuW 2020, S. 8–15

Streinz, Rudolf (Hrsg.), EUV/AEUV, Vertrag über die Europäische Union, Vertrag über die Arbeitsweise der Europäischen Union, Charta der Grundrechte der Europäischen Union, 3. Auflage, München 2018 (zitiert als: *Bearbeiter*, in: Streinz, EUV/AEUV)

Studienvereinigung Kartellrecht, Stellungnahme der Studienvereinigung Kartellrecht e. V. zu den mit dem Referentenentwurf vorgeschlagenen Änderungen im Kapitel 2 »Bußgeldsachen« im dritten Teil des GWB vom 13.02.2020 (zitiert als: *Studienvereinigung Kartellrecht*, Stellungnahme »Bußgeldsachen«)

Trüg, Gerson/Ruppert, Felix, Die Bedeutung von Compliance-Management-Systemen für die Kartell- und sonstige Verbandsgeldbuße – zugleich ein Plädoyer für eine rationale Unternehmenssanktion, ZWeR 2020, S. 69–106

van Vormizeele, Philipp Voet, Kartellrechtliche Compliance-Programme im Rahmen der Bußgeldbemessung de lege lata und de lege ferenda, CCZ 2009, S. 41–49

Volkers, Monika, Compliance Defence – Was lange währt, wird endlich …?, in: Anton, Michael (Hrsg.), Liber Discipulorum für Michael Martinek, Saarbrücken 2021, S. 745–760 (zitiert als: *Volkers*, in: FS Martinek)

Voßkuhle, Andreas, Grundwissen – Öffentliches Recht: Der Grundsatz der Verhältnismäßigkeit, JuS 2007, S. 429–431

Wiedemann, Gerhard (Hrsg.), Handbuch des Kartellrechts, 4. Auflage, München 2020 (zitiert als: *Bearbeiter*, in: Wiedemann, Hdb KartellR)